GOTTESDIENST PRAXIS SERIE B

Arbeitshilfen für die Gottesdienste
zu den Festzeiten, für Kasualien
und besondere Anlässe

Herausgegeben von Erhard Domay

Gütersloher Verlagshaus Gerd Mohn

TRAUUNG

Gottesdienste – Predigten – Liturgische Texte

Herausgegeben von Erhard Domay

Mit einer theologisch-homiletischen Einführung von Karl-Fritz Daiber

Gütersloher Verlagshaus Gerd Mohn

CIP-Titelaufnahme der Deutschen Bibliothek

Gottesdienstpraxis / hrsg. von Erhard Domay –
Gütersloh : Gütersloher Verl.-Haus Mohn.
  Teilw. mit sachl. Benennung d. Abt.: Arbeitshilfen für die
  Gottesdienste zu den Festzeiten und Kasualien
Ser. B, Arbeitshilfen für die Gottesdienste zu den Festzeiten
und für Kasualien
NE: Domay, Erhard [Hrsg.]; Abt.

Trauung : Gottesdienst, Predigten, liturgische Texte / hrsg. von
Erhard Domay. Mit e. theolog.-homilet. Einf. von Karl-Fritz
Daiber. – Gütersloh : Gütersloher Verl.-Haus Mohn, 1989
  (Gottesdienstpraxis : Serie B, Arbeitshilfen für die Gottesdienste zu den
  Festzeiten und für Kasualien)
  ISBN 3-579-02851-0
NE: Domay, Erhard [Hrsg.]; Daiber, Karl-Fritz [Mitverf.]

Trauung. – 1989

ISBN 3-579-02851-0
© Gütersloher Verlagshaus Gerd Mohn, Gütersloh 1989

Satz: Satz-Service-Berkemeier, Gütersloh
Druck und Bindung: Ebner Ulm
Umschlagentwurf: Franz Wöllzenmüller, Oberhaching
unter Verwendung eines Fotos von Gerda Herrmann, Gütersloh
Printed in Germany

Inhalt

Theologisch-homiletische Einführung

Karl-Fritz Daiber

Im Sommer 1988 hat der Berner Praktische Theologe Theophil Müller eine Studie zum Sinn und zur Aufgabe der Kasualgottesdienste vorgelegt (Theophil Müller, Konfirmation – Hochzeit – Taufe – Bestattung, Stuttgart/Berlin/Köln/Mainz 1988). Müllers Arbeit ist deshalb für die Diskussion der Gesamtproblematik besonders weiterführend, weil er konsequent bei der Handlungssituation ansetzt. Dies bedeutet für ihn, daß er auch seinen persönlich-biographischen Zugang zum Thema zur Sprache bringt. Wer diese Notizen zu den eigenen Erfahrungen eines Pfarrers liest, wird auch an seine eigene Lebensgeschichte erinnert. Er entdeckt in vielfacher Hinsicht, wie leicht realitätsferne Forderungen die Diskussion um die Amtshandlungen belasten. Forderungen, die, wenn man das eigene Leben vergegenwärtigt, auf den Boden der realen Möglichkeiten zurückgeholt werden. Um bereits an dieser Stelle kein Mißverständnis aufkommen zu lassen: Der Pfarrer wird bei den Kasualgottesdiensten und insbesondere bei der Trauung nicht nur von dem reden müssen, was sowieso alle tun. Es gehört zu seiner Aufgabe dazu, den Anspruch, den eine Ehe stellt, zu thematisieren. Er wird diesen Anspruch gerade auch angesichts des eigenen Versagens benennen müssen. Die Ehepredigt macht den Pfarrer selbst zum Betroffenen. Aber trotzdem, gerade wenn es darum geht, gültige Normen anzusagen, kann es nicht die Aufgabe sein, diese als geschichtslose Sätze zu proklamieren. Ihr Sitz in der Lebenswirklichkeit will bedacht sein, und zwar deshalb, weil Normen selbst nicht geschichtslos sind. In ihrer jeweiligen Ausformung haben sie die Gestalt der jeweiligen Gesellschaft zum Hintergrund. Sie ordnen diese Gesellschaft und werden zugleich von dieser hervorgebracht.

Normen waren in der europäischen Gesellschaft über Jahrhunderte hinweg relativ konstant. Der Wandel seit den letzten zweihundert Jahren hat massive Veränderungen der Lebensorientierungen ausgelöst. Wer heute den älteren Überlieferungen gerecht werden will, muß nach ihrer Intention fragen, auch nach ihren Funktionen. So allein läßt sich Tradition bewahren. Und dies gilt nun gerade auch für das Eheverständnis heute. Nicht einmal dies ist ausgemacht, ob wirklich das Zusammenleben von Mann und Frau durch eine öffentlich-rechtliche Institution wie die der Ehe geregelt werden muß. Es gibt gute Argumente dafür, daß die Ehe öffentlich-rechtliche Institution bleibt. Nur, wo argumentiert wird, ist der Geltungsanspruch bereits zur Diskussion gestellt. Dies ist nicht nur ein Verlust. Ganz im Gegenteil. Die neue Situation ist auch Gewinn. Was Ehe ist, muß bedacht werden, darf bedacht werden, kann bedacht werden. So könnte der Traugottesdienst eine ganz neue Bedeutung gewinnen: Mit einem Paar nachdenken, was für sie Ehe in ihrer eigenen Situation vor dem Hintergrund der Überlieferung des christlichen Glaubens bedeuten könnte.

Was in ihrer Situation Ehe bedeuten könnte – diese Situation ist höchst individuell. Gewiß gibt es so etwas wie eine »Großwetterlage«, aber diese ist doch nur von höchst begrenzter Bedeutung. Statistiken beispielsweise verweisen etwa auf die »Großwetterlage«. Sie ist in Deutschland dadurch gekennzeichnet, daß in den letzten zehn bis fünfzehn Jahren die Bedeutung der nichtehelichen Lebensgemeinschaften zugenommen hat und diese nicht nur öffentliche Duldung, sondern zugleich auch Anerkennung gefunden haben. Es ist keine Selbstverständlichkeit mehr, daß Paare, die zusammen leben, auch die Ehe schließen. Gleichwohl wird man sagen müssen, daß die Bedeutung der nichtehelichen Lebensgemeinschaften nicht dazu führen konnte, daß die Institution der Ehe grundsätzlich infrage gestellt wurde. Nach wie vor leben die meisten zusammenlebenden Paare als Ehepaare zusammen. Die nichtehelichen Partnerschaften kommen zwar in allen Bevölkerungsschichten vor, aber vorwiegend doch bei den Gebildeteren. Ein besonderes Interesse an nichtehelichen Partnerschaften scheinen nach neueren Untersuchungen Frauen zwischen 25 und 35, die über einen qualifizierten Berufsabschluß verfügen, zu haben. Sie erhoffen sich von der nichtehelichen Partnerschaft ein höheres Maß der eigenständigen Lebensgestaltung. Aber nicht einmal im Blick auf die Bildungsschichten ist das Bild einheitlich. Es gibt unter den jungen Akademikern durchaus Paare, die sich sehr bewußt für die Ehe entscheiden, die die Eheschließung zelebrieren und für die die kirchliche Trauung ein wichtiger Teilakt im Zusammenhang dieser Zelebration ist.

Statistisch gesehen sind die kirchlichen Trauungen deutlich zurückgegangen – und zwar stärker als die standesamtlichen Eheschließungen. Zwischen 1963 und 1985 hat sich die Zahl der Eheschließungen um 37 % vermindert. Im gleichen Zeitraum beträgt der Rückgang der Trauungen 54 %, jeweils verglichen mit dem Ausgangsjahr 1963 (EKD-Statistik für das Jahr 1985). Der Rückgang der Trauungen betrifft insbesondere die Jahre zwischen 1964 und 1977. In den letzten zehn Jahren blieben die Trauziffern relativ konstant. In manchen Gemeinden wird ein leichter Wiederanstieg beobachtet. Die stärkste Beteiligung an der kirchlichen Trauung liegt statistisch gesehen dann vor, wenn beide Eheleute evangelisch sind. Allerdings haben sich auch von diesen Paaren 1985 nur 43 % kirchlich trauen lassen.

Hinter diesen Durchschnittsziffern verbergen sich höchst verschiedenartige Einzelsituationen. Nach wie vor gab und gibt es Gemeinden, in denen sich so gut wie alle Paare trauen lassen. Dies gilt insbesondere für die ländlichen Gemeinden. In der städtischen und großstädtischen Situation liegen die Verhältnisse dementsprechend anders. Wer sich zur kirchlichen Trauung anmeldet, kommt allerdings, trotz der zurückgegangenen Trauziffern, mit höchst unterschiedlichen, jedenfalls nicht nur religiösen Motiven. Paare können getraut werden, weil es die örtliche Sitte so verlangt, weil ein entsprechender Wunsch der Eltern vorliegt, weil die Eheschließung festlich begangen werden soll, weil für Christen die kirchliche Trauung zur Eheschließung einfach dazu gehört oder vielleicht auch weil ein nicht näher zu bestimmendes Gefühl die kirchliche Trauung nahelegt. Im allgemeinen wird man davon ausgehen müssen, daß nicht nur *ein* Grund für die kirchliche Trauung vorliegt, sondern daß es in der Regel ein ganzes Bündel von sehr unterschiedlichen Gründen sein kann, bewußt wahrgenommene und unbewußt wirksame, im allgemeinen wie gesagt, höchst vielfältige. Was sollen Paare schon antworten, wenn die Pfarrerin oder der Pfarrer sie beim Traugespräch fragt: Warum wollen sie denn getraut werden? Daß die junge Frau einfach einmal im Festkleid feierlich einen Lebensabschnitt beginnen oder auch fortsetzen will, darf sie ja wohl kaum gestehen. Dies wäre zu wenig ernsthaft. Im allgemeinen wissen dies die Ehepaare, die sich zur Trauung anmelden, ja auch. Aber wer weiß, vielleicht ist das Festkleid doch nur ein Symbol für das Ahnen darum, daß das Miteinander von zwei Menschen eigentlich etwas Ungewöhnliches ist, ein Geheimnis.

Eine Nachbemerkung zur Statistik muß noch angefügt weerden. Es wird angenommen, daß die Zahl der kirchlichen Trauungen auch deshalb zurückgegangen ist, weil unter den Paaren, die die Ehe schließen, die Anzahl der Zweiteheschließungen nach einer Scheidung zugenommen hat. Geschiedene Partner wissen, daß die Kirchen bei der Gewährung einer kirchlichen Trauung für Geschiedene zurückhaltend sind. So lassen sie sich manchmal deshalb nicht trauen, weil sie Angst haben, wegen einer vorausgegangenen zerbrochenen Ehe zur Rede gestellt zu werden. Es ist eigentlich ein nachdenkenswerter Tatbestand, daß Menschen, die in einer bestimmten Lebenssituation die Hilfe der Kirche brauchen, sie aus irgendwelchen begründeten oder unbegründeten Ängsten doch nicht erbitten. Damit stellt sich die Frage nach der theologischen Bedeutung der Trauung und in diesem Zusammenhang die Frage nach der Bedeutung der Amtshandlungen überhaupt.

Unter dem Einfluß der Theologie Karl Barths hatte sich in den kirchlichen Ordnungen nach dem Zweiten Weltkrieg die Tendenz durchgesetzt, die Amtshandlungsgottesdienste in einen engen Zusammenhang mit dem Gemeindegottesdienst ganz allgemein zu rücken. Amtshandlungsgottesdienste waren in diesem Zusammenhang Gemeindegottesdienste, in denen das Wort Gottes – wie in jedem anderen Gottesdienst – aus Anlaß einer bestimmten Lebenssituation verkündigt wurde. Zentrale Mitte war immer die Verkündigung des Evangeliums und damit korrespondierend das Bekenntnis der hörenden Gemeinde bzw. in ihrer Mitte das Bekenntnis der Menschen, deren spezielle Lebenssituation Amtshandlungsgottesdienste notwendig machte.

Was im Blick auf den sonntäglichen Gemeindegottesdienst seines öffentlichen Charakters wegen eigentlich nicht möglich war, was im Blick auf die

Teilnahme am Abendmahl immer weniger durchgesetzt werden konnte, wurde im Blick auf die Amtshandlungsgottesdienste gelegentlich fast rigoros zum Maßstab gesetzt: Konfirmation, Trauung und Begräbnis wurden an das Bekenntnis derer, die sie für sich wünschten, gebunden und zwar durch die jeweiligen Ordnungen, die Liturgien, die informelle Praxis der Pfarrer und ihre Erwartungen an die Amtshandlungsgemeinde. Weil die Volkskirche die Erfahrung machen ließ, daß das bewußte Bekenntnis zum christlichen Glauben und damit zur christlichen Gemeinde eher die Ausnahme als die Regel war, wurden der Trauung, wie etwa auch der Taufe, Vorgespräche zugeordnet, die in hohem Maße eine Lehrfunktion hatten. Auf diese Weise sollte unter anderem auch die Vorbereitung auf den Bekenntnisakt im Rahmen der jeweiligen Amtshandlung geleistet werden. Bis zum heutigen Tage werden unter Pfarrern Enttäuschungen über ihre eigene Amtshandlungspraxis durch theologische Normen erzeugt, die eine derartige Amtshandlungstheorie zum Hintergrund haben.

Ein Blick in die Ökumene ist in diesesm Zusammenhang aufschlußreich, zeigt er doch, daß die Akzente völlig anders gesetzt werden können.

Vor einigen Jahren besuchte ich im Süden der Vereinigten Staaten einen Pfarrer der Missouri-Synode, einer nicht gerade des theologischen Liberalismus verdächtigen Kirche. Wir entwarfen einen Zeitplan für ein paar gemeinsame Tage. Der Sonnabend war für ihn belegt: Gottesdienstvorbereitung und eine Trauung. Ich fragte ihn, wie oft er Trauungen zu halten habe. Das komme gar nicht selten vor. Manche Paare würden sich hier trauen lassen, obwohl sie gar nicht Glieder der Gemeinde seien. Es seien auch keine Missouri-Lutheraner, oft überhaupt nicht der lutherischen Kirche zugehörig. Sie kämen einfach, damit er sie traue, und weil die Kirche schön sei. Es war für ihn überhaupt keine Frage, daß er solche Trauungen übernehmen kann. Vielleicht steckten auch finanzielle Motive dahinter. Die Gemeinde hatte auf diese Weise Einnahmen, die sie gut brauchen konnte. Aber sicher waren dies nicht die vorherrschenden Gründe. Bestimmt war es dies, daß dort, wo Menschen einen Pfarrer um einen Dienst der Begleitung bitten, dieser Dienst gewährt wird.

Extremer liegt die Situation in Japan. Von den Japanern sagt man, sie würden sich sehr schwer entschließen können, Mitglied einer christlichen Kirche zu werden, also sich taufen zu lassen. Sie würden sich überhaupt schwer tun, sich im Blick auf eine Religion festzulegen. Manche würden sich ganz gerne in einer christlichen Kirche trauen lassen und die Buddhisten seien bevorzugt, wenn es um Begräbnisse gehe. Gespräche mit einem katholischen und einem lutherischen Pfarrer aus Japan haben mir die Situation bestätigt. Selbstverständlich halte man Trauungen auch für Nichtchristen. In der Regel würden fünf oder sechs Vorgespräche stattfinden, in denen das Brautpaar über elementare Aussagen des christlichen Glaubens informiert würde, in denen die Grundzüge eines christlichen Eheverständnisses besprochen würden. Den amerikanischen Pfarrer und einen der beiden

Japaner habe ich näher kennengelernt. Ich weiß, daß es sich um Theologen handelt, die den Leuten nicht nach dem Munde reden. Trotzdem stand die theologische Identität der beiden bei Trauungen von Nichtgemeindemitgliedern oder gar Nichtchristen nicht auf dem Spiel.

Derartige Erfahrungen scheinen es mir nahezulegen, diejenigen Ansätze der Amtshandlungsdiskussion, die innerhalb der letzten zwanzig Jahre auch in der deutschen Szene aufgetaucht sind und die Amtshandllungen primär als seelsorgerlich-diakonisches Handeln verstanden, konsequent weiter zu entwickeln. Amtshandlungen sind Dienste der christlichen Gemeinde an Menschen, die diesen Dienst erbitten. Amtshandlungen sind keine Bekenntnisakte, sondern Gottesdienste der Lebenshilfe, Gottesdienste, in denen Christen anderen zu Gehilfen der Freude oder zu Begleitern in der Trauer werden. Es gibt gute theologische Gründe, warum Amtshandlungen so und nicht anders verstanden werden können, warum für ihre Gewährung und Nichtgewährung die Gemeindegrenze nicht maßgebend ist. Ein besonders wichtiger Grund ist der, daß das Schöpfungshandeln Gottes eine Gestalt seiner gnädigen Zuwendung zum Menschen ist und dies unabhängig von einem menschlichen Bekenntnis gilt, nur aufgedeckt werden muß. Gerade die christliche Gemeinde ist zu diesem Dienst gerufen, weil Christen von der gnädigen Zuwendung Gottes in Christus wissen. Ich möchte davon ausgehen, daß dies Paare, die getraut werden wollen, wissen oder zumindest ahnen. Wenn sie in Japan nicht zum Shintopriester gehen, sondern zum christlichen Pfarrer, erwarten sie eine christliche Trauung. Wenn sie in Amerika zu einem Pfarrer gehen, erwarten sie nicht Allerwelts-Weisheiten, sondern die Botschaft, die gerade ein Pfarrer sagen kann und muß. Wenn in Deutschland Paare getraut werden wollen, suchen sie den Dienst der Auslegung des Wortes Gottes für ihr Leben. Sollte daran Zweifel bestehen, läßt sich dies sicherlich im Traugespräch klarstellen. Paare verstehen, daß ein Pfarrer das Wort Gottes auslegen will. Überraschenderweise gibt es ja auch Kirchendistanzierte, die eine höchst konservative, vielleicht sogar biblizistische Auslegung akzeptieren und nicht nur akzeptieren, sondern sie einer nurmehr allgemein christlichen Rede vorziehen.

Worauf es allerdings ankommt, ist dies, daß das Wort des Pfarrers als lebensbewältigend erfahren wird. Das Brautpaar will verstanden sein; es muß die Erfahrung machen können, daß der sie begleitende Pfarrer ihre Situation versteht und daß dieses Verstehen in einer Sprache zum Ausdruck kommt, die ihr eigenes Verstehen vertieft. So kommt es darauf an, daß der, der die Trauung hält, sich auf die Sprachmöglichkeit der Teilnehmer am Fest einläßt. Dabei braucht er sich nicht selbst aufzugeben. Im Gegenteil. In der Kommunikation mit seinen Partnern entdeckt er selbst die Relevanz des weiterzugebenden Evangeliums. Gelegentlich entdeckt er in der Suche nach einer verstehbaren Sprache das Evangelium ganz neu, auch für sich selbst.

Trauungen sind Gottesdienste. Sie stellen einen rituellen Gesamtablauf dar, in dem die Predigt oder die Ansprache nur ein einziges Element ist. Die unterschiedlichen Lebenssituationen der Paare, auch ihre verschiedenartigen Erwartungen an den Ablauf des Gottesdienstes, führen dazu, daß die vorliegenden agendarischen Festlegungen des Rituals vielfach schon von der Pfarrerin oder dem Pfarrer als wenig hilfreich empfunden werden. Dies gilt sogar für neuere agendarische Entwürfe. Dabei sollte allerdings nicht außer acht bleiben, daß das Empfinden von Theologen gelegentlich von dem anderer Kirchenmitglieder abweicht. Es kann durchaus vorkommen, daß ein höchst traditionell gestaltetes Trauungsformular genau dem entspricht, was das Brautpaar eigentlich möchte, weil so ja auch die Eltern schon getraut wurden. Deshalb ist die agendarische Normalgestalt der Trauung nicht von vornherein auszuschließen. Was in jedem Fall aber wichtig ist, ist dies, daß 'die Trauagende eine Möglichkeit ist, den Traugottesdienst zu gestalten, daß andere Möglichkeiten vorgestellt werden können, daß das Traugespräch gerade zum Ort wird, in dem die Gestalt der Trauung gemeinsam erarbeitet wird. Dies ist nicht mit jedem Brautpaar möglich, auch nicht nötig. Allerdings ist damit eine grundsätzliche Position im Umgang mit Trauagenden angedeutet: Sie können heute nur als Angebote verstanden werden, nicht als undiskutierbare Regelformen.

Geht man davon aus, daß dem christlichen Gottesdienst ein dialogischer Charakter eignet, dialogisch insofern, als der Anrede durch Gottes Wort Lob, Bitte und Dank der Gemeinde korrespondieren, sind damit für jede praktizierte Form des Traugottesdienstes wiederkehrende Elemente vorgegeben, auf die nicht verzichtet werden kann: Das Wort der Schrift und seine Auslegung, der Segenszuspruch; das gesungene und gesprochene Gebet als Ausdruck von Dank und Bitte.

Besondere Elemente des Traugottesdienstes sind herkömmlicherweise die Traufragen und das Eheversprechen der Eheleute, sowie der Trausegen. In dem Versprechen des Beieinanderbleibenwollens »bis der Tod scheidet« kommt die Bedeutung der Ehe besonders gut zum Ausdruck, und zwar nicht nur im Sinn der jüdisch-christlichen Überlieferung, sondern im Sinn einer weiterreichenden elementaren Ordnung menschlichen Zusammenlebens: in vielen Gesellschaften ist die Ehe nicht ein Vertrag, der beliebig auflösbar ist, sondern der lebenslang gilt. Dabei ging es in traditionellen Gesellschaften nicht nur um den jeweiligen Ehepartner, sondern um die Einbindung in einen neuen Familienverband. Weil die Ehe in der Regel die Begründung einer neuen Familie bedeutete, bzw. eine neue Phase im Rahmen des Lebens der Großfamilie, war sie im allgemeinen ein Schritt, der letztlich nicht rückgängig gemacht werden konnte.

Die biblische Überlieferung hängt mit der traditionellen Gesellschaftsstruktur zusammen. Aber auch in einer Zeit, in der die Ehen familienunabhängig geworden sind, in der die Partnerbeziehung dominiert, ist in der Dauerhaftigkeit der Ehe ein hohes humanes Gut angeboten, das die Eheleute als Partner ebenso wie die aus der Ehe hervorgehenden oder hervorgegangenen Kinder schützt. Gerade wenn die Ehe in hohem Maße von der Erfahrungsmöglichkeit subjektiver gegenseitiger Hinwendung in der Liebe lebt, verknüpft sich mit solcher Liebe die Hoffnung auf ihre Dauer. Die Möglichkeit ihres Zerbrechens wird als Bedrohung erfahren. Vielleicht liegt in dieser Angst vor dem Zerbrechen der Liebe auch das Bedürfnis einer Segnung verborgen.

Manche Paare empfinden das der Segnung vorausgehende Versprechen als für sie nicht aussprechbar. Dies sollte respektiert werden. Auf der anderen Seite ist in diesem Zusammenhang auf zweierlei hinzuweisen. Einmal darauf, daß Treue sehr unterschiedlich gelebt werden kann, immer auch von der gegenseitigen Verständigung darüber, wie Mann und Frau einander treu bleiben wollen, abhängt. Es ist zum anderen darauf hinzuweisen, daß Versprechensakte menschliche Versprechensakte sind. Ihre Ernsthaftigkeit ist an die Ernsthaftigkeit des Augenblicks zunächst einmal gebunden, in dem das Versprechen gegeben wird. Diese Ernsthaftigkeit umschließt die Suche nach Möglichkeiten, auch in schwierigen Situationen das Versprechen zu halten. Es muß aber davon ausgegangen werden, daß unvorhersehbare Lebensumstände eine Partnerschaft so verändern, daß das Versprechen nicht mehr gehalten werden kann. In einer durch Wandel geprägten Gesellschaft ist die Wahrscheinlichkeit, daß derartige Lebensumstände eintreten größer als in traditionellen Gesellschaften. Dies will mitbedacht sein. Das Eheversprechen darf nicht zu einer menschliche Möglichkeiten übersteigenden Forderung werden. Wer dies bedenkt, kann das Versprechen, einander treu zu bleiben, »bis daß der Tod scheidet«, auch als ein Bekenntnis zur Humanität einer umfassenden menschlichen und eben darin hilfreichen Lebensordnung erleben.

Es ist Aufgabe des Traugesprächs, derartige Fragen anzusprechen. Allerdings kann dies dann auch noch einmal in der Trauansprache erfolgen. Meiner Vermutung nach spielt die Erwartung einer den Wert der Ehe proklamierenden Trauansprache eine ziemliche Rolle. Etwa unter dem Aspekt, daß die junge Frau denkt: er soll's ihm nur sagen; der Ehemann der Meinung ist: möge er es nur ihr sagen. Die Eltern denken: ein paar kräftige Ermahnungen tun den jungen Leuten schon ganz gut. Die appellative Lehrpredigt, die das christliche Eheverständnis in den Vordergrund stellt, trifft also auf eine Erwartung, die die Lehre meistens für den jeweiligen anderen wünscht. Immerhin ist diese Erwartung vorhanden, und seitens der Pfarrer wird ihr auch in vielfältiger Weise entsprochen. Sammlungen von Trauungsansprachen dokumentieren dies. Nicht einmal Theologiestudenten, die unter dem Thema »Predigten des Glücks« Trauansprachen formulieren sollten, konnten sich dem appellativen Grundmuster entziehen.

Wer die Aufgabe der Traupredigt darin sieht, das christliche Eheverständnis als wegweisend auszusagen, wird sich sehr schnell vor eine Schwierigkeit gestellt sehen: Was ist eigentlich dieses christliche Eheverständnis? Trauagenden, unter diesem Aspekt betrachtet, zeigen, wie hoch selektiv biblische Überlieferungen zum Thema der Ehe dort zur Sprache gebracht werden. Dies gilt nicht nur für die neueren Agenden, sondern auch für die älteren. Biblische Aussagen werden vom jeweiligen Erfahrungshorizont der Menschen ausgewählt. So fallen beispielsweise heute Schriftstellen vom Untertansein der Frau unter den Mann weitgehend aus. Ich sage nicht, daß dies falsch ist, sondern ich konstatiere dies einfach. Den Studenten in dem bereits genannten homiletischen Seminar habe ich für ihre Trauansprachen keine Texte vorgegeben. Ich war ziemlich überrascht, als eine Studentin ihre Trauansprache über 1. Korinther 7,1–7 geschrieben hat: »Wovon ihr aber mir geschrieben habt, darauf antworte ich: Es ist dem Menschen gut, daß er kein Weib berühre. Aber um der Hurerei willen habe ein jeglicher sein eigen Weib, und eine jegliche habe ihren eigenen Mann …« Ob sie als gestandene Pfarrerin auch auf die Idee gekommen wäre, diesen Text zu wählen? Jedenfalls hat sie schlagend deutlich gemacht, daß in erheblichem Umfang Auswahlprozesse stattfinden, wenn biblische Überlieferung im Rahmen der Trauung thematisiert wird. Allein dies deutet schon darauf hin, wie stark sich das Eheverständnis auch im Rahmen der christlichen Geschichte verändert hat und laufend verändert. Dies ist kein erschreckender Tatbestand, eher ein befreiender. Er nötigt freilich zu gegenwartsbezogenen Antworten, vielleicht schon allein zu gegenwartsbezogenen Fragen, gerade auch im Rahmen einer Traupredigt.

Auf dem Hintergrund des Wandels der Institution der Ehe gibt es dann sicherlich eine Reihe von Punkten, die in einer lehrorientierten Trauansprache angesprochen werden können. Etwa dies, daß Liebe auch Respekt umschließt, Respekt voreinander, daß »Gebote« und »Verbote« in der Ehe sich nicht ohne weiteres an abstrakten Regeln messen, sondern an dem, was dem jeweiligen Partner hilft oder was ihn in besonderem Maße verletzt. Es könnte auch davon die Rede sein, daß Institutionen nicht nur einengen, sondern, indem sie Dauer sichern, auch hilfreich sind. Dies wissen die Jungen heute durchaus, nicht zuletzt aus Erfahrungen, die sie mit den eigenen Eltern gemacht haben: Daß die Liebe nicht immer in der Lage ist, die Ehe zu tragen, sondern die Ehe als Ordnung auch die Liebe schützen kann und oft in überraschender Weise eine neue Zuwendung der Partner nach Phasen der Entfremdung ermöglicht.

Insgesamt muß ich gestehen, daß mich Trauansprachen, die eine monologische Form von Eheberatung sind, nicht unbedingt überzeugen. Was mir für die Trauansprache vorschwebt, ist mehr dies, im Horizont biblischer Überlieferung gemachte Lebenserfahrung zur Sprache zu bringen. Bereits das Umfeld der Eheschließung ist so reich an Erfahrungen, die eigentlich thematisiert werden müßten, weil sie elementare Lebensprobleme darstellen. Einige sollen benannt werden.

Bereits der Schöpfungsbericht sagt, ein Mensch werde Vater und Mutter verlassen und an seinem Weibe hangen. Eheschließung hat mit einer Trennung zu tun, mit einer Trennung vom Elternhaus. Eltern müssen die Kinder weggeben. Mütter empfinden dies manchmal besonders stark. Darum sollte in einer Trauansprache vielleicht gelegentlich auch des Trennungsschmerzes der Eltern gedacht werden. Joachim Matthes hat einmal darauf hingewiesen, daß die Amtshandlungsgottesdienste immer sehr unterschiedliche Bezugspersonen haben. Im Falle der Trauung das Ehepaar selbst, aber häufig auch die Eltern, vielleicht die Geschwister oder die Freunde. Die Eltern sind sicherlich in diesem Zusammenhang besonders wichtig. Für sie ist es eine neue Lebensphase, wenn ein Kind heiratet, auch wenn die beiden jungen Leute Jahre zusammengelebt haben. Im Akt der Eheschließung und dann auch der Trauung symbolisiert sich der Auszug als ein endgültiger.

Die Trennung vom Elternhaus verbindet sich bei den jungen Frauen vor allem mit dem Namenswechsel. Sie geben den Mädchennamen ab, sie erhalten einen anderen Namen. Für viele mag dies belanglos sein, für manche ist es eine Belastung: Wiederum wird etwas sich endgültig Änderndes erlebt. Wenn Männer den Namen ihrer Frau annehmen, verschiebt sich die Problematik nur auf die Seite des anderen Partners. Sie werden zudem von Freunden gefragt, warum sie das getan hätten und im Elternhaus begegnet ihnen häufig völliges Unverständnis. Man kann es auch verständnisvoller formulieren: Die Eltern eines Mannes, der den Namen der Frau annimmt, müssen ihn fast in doppelter Weise weggeben. Die Trennung muß hier um so mehr verarbeitet werden, als das praktizierte Verhalten ja kein Mehrheitsverhalten ist.

Schließlich ist die Erfahrung, daß zwei Menschen sich aufgrund gegenseitiger Zuneigung für ein Leben verbinden, eine Erfahrung höchster Kontingenz. Mußte es sein, daß die beiden sich begegneten oder hätte es auch ganz anders sein können? In dem Roman »Die unerträgliche Leichtigkeit des Seins« beschreibt Milan Kundera die Geschichte von Tomas und Teresa (Fischer Taschenbuch 5992). Tomas erinnert sich daran, wie er Teresa begegnet ist, wie zufällig sich Ereignis an Ereignis gefügt hat: »Vor sieben Jahren trat *zufällig* im Krankenhaus der Stadt, wo Teresa wohnte, ein komplizierter Fall einer Gehirnkrankheit auf, und Tomas' Chefarzt wurde zu einer dringenden Konsultation gebeten. *Zufällig* hatte dieser Chefarzt Ischias, konnte sich nicht bewegen und schickte Tomas zur Vertretung in das Provinzkrankenhaus. In der Stadt gab es fünf Hotels, doch Tomas stieg *zufällig dort ab, wo Teresa arbeitete. Zufällig* hatte er vor der Abfahrt noch etwas Zeit, und er setzte sich ins Restaurant. Teresa hatte *zufällig* Dienst und bediente *zufällig* an seinem Tisch. Es waren also sechs Zufälle nötig, um Tomas auf Teresa hinzustoßen, als hätte er selbst gar nicht zu ihr gewollt.« Ich glaube, Kundera hat recht, daß der Zauber der Liebe, und damit der Zauber menschlicher Begegnungen, gerade auch an der Erfahrung solcher Zufälle hängt. An einer anderen Stelle sagt er: »Nicht die Notwendigkeit, sondern der Zufall ist voller Zauber. Soll die Liebe unvergeßlich sein, so müssen sich vom ersten Augenblick an Zufälle auf ihr niederlassen wie die Vögel auf den Schultern des Franz von Assisi.« Ich denke es müßte gelegentlich Trauansprachen geben, die genau dies thematisieren, den Zauber des Zufalls. Oder ist es mehr als Zufall: Manchmal genügt eine Frage, um die religiöse Dimension des Lebens zum Klingen zu bringen.

Was wir Zufall nennen, hat aber immer ja noch eine andere Seite und auch dies schwingt bei Kundera mit: Es hätte auch ganz anders sein können! Mit dieser Beobachtung verbindet sich oft eine tiefe Skepsis: Ist mein Leben wirklich gewollt? Bin ich wie ich bin nicht doch nur ein Spielball? Und wenn mein Leben letztlich doch nur auf Zufälligkeiten beruht, warum sollte ich diese nicht korrigieren, wenn sich mir die Möglichkeit dazu eröffnet. Es ist schon so: Die Begegnung zweier Menschen, daß zwei einander zum Schicksal werden, rührt an Grunddimensionen des Lebens. Viele Menschen ahnen nur, daß eine Ehe einzugehen mehr bedeutet als einen Vertrag zu unterzeichnen. Aber sie ahnen etwas, sie ahnen das Geheimnis ihres Lebens. Sie versuchen es auf ihre Weise zu umschreiben, so wie es auch von denen, die der Sprache mächtiger sind, letztlich nur umschrieben werden kann.

Zu den grundlegenden Erfahrungen, die Menschen machen, nicht zuletzt in der Ehe machen, gehört dies, daß wir hinter unseren eigenen Möglichkeiten zurückbleiben, daß wir das Gute wollen und es nicht erreichen, das Gute verwirklichen möchten, dem Bösen aber doch wiederum verfallen. Zu diesen Erfahrungen gehört, daß Menschen, die einander lieben, einander Leiden schaffen, Leid bereiten. Die Ehepaare, die heute getraut werden, brauchen von den Pfarrerinnen und Pfarrern nicht mehr daraufhin angesprochen werden, daß sie früher oder später einmal auch diese Erfahrung machen werden. Sie haben in der Regel diese Erfahrungen längst hinter sich. Viele wissen um die Chance des Neuanfangs im gegenseitigen Verzeihen. So können sie daraufhin angesprochen werden, die eigene Erfahrung wird so zum Sinnbild für ein umgreifendes Aus-der-Vergebung-Leben, wie es die Christusbotschaft ansagt.

Genau genommen setzt eine gute Trauansprache voraus, daß Pfarrer und Eheleute sich kennen. Ein Traugespräch kann hier eine Hilfe sein. Wenn es sich ergibt, sollten die Eheleute Raum haben, von sich selbst zu erzählen, von ihrer gemeinsamen Geschichte, von ihren Eltern, von dem, was sie vorhaben. Daß der persönliche Kontakt zwischen Pfarrer und Paar wichtig ist, geht allein schon daraus hervor, daß, wenn immer die Möglichkeit besteht, ein jeweils bekannter Pfarrer eingeladen wird, die Trauung zu halten. Keiner, der zuständig ist, sollte sich in solchen Fällen übergangen fühlen. Ob nicht das Dimissiorale in die Mottenkiste der Staatskirche gehört?

Noch in einer anderen Hinsicht sind Voreinstellungen und Vorerfahrungen der Pfarrerin oder des Pfarrers wichtig. Sie gruppieren sich um die Vorstellung, ein Pfarrer sei im Vollzug der Trauung nur eine Art Zeremonienmeister. Die Botschaft, die er mitzuteilen habe, sei letztlich irrelevant. Es gibt Fälle, wo dies zutrifft. Warum kann man eine derartige Problematik, wenn sie einen beschäftigt, nicht auch einmal in der Gemeinde, unabhängig von einer konkreten Trauung, thematisieren? Über belastende Punkte sollte in unseren Gemeinden viel mehr miteinander geredet werden, auch über die Punkte, die den Pfarrer innerlich beschweren.

Im Blick auf die meisten Paare, die eine Trauung erbitten, trifft es sicherlich nicht zu, daß sie die Kirche nur um der Feierlichkeit willen wählen. Was sie dazu bringt, sich kirchlich trauen zu lassen, sind gewiß auch nicht, jedenfalls in der Regel nicht, die theologisch fundierten christlichen Überzeugungen, die manchmal von den Ordnungen vorausgesetzt werden. Aber was bedeutet es, wenn sie trotz einer nicht weiter zu begründenden Distanz vom kirchlichen Leben oder vom christlichen Glauben in besonderen Augenblicken ihres Lebens das Geheimnis, das dieses Leben ist, zu ahnen beginnen? Ist da wirklich der Pfarrer, der den Gottesdienst mit ihnen feiert, nur Zeremonienmeister? Ich vermute, daß er wirklich gebraucht wird, als einer, der das Leben deuten kann, als einen Ort nämlich, an dem Gott selbst gegenwärtig ist, ordnend und suchend, heilend und immer von neuem Zukunft eröffnend.

Gottesdienste

Wir sind hier und feiern das Leben

Traugottesdienst *Klaus Eulenberger*

Zur Situation
Die Frau war schon einmal verheiratet. Es war ein recht junges Paar.

Einzug

Orgelvorspiel: Charles-Marie Widor, Toccata (Allegro) aus der Symphonie Nr. 5 f-Moll für Orgel

Begrüßung, Gebet

Lied: EKG 197, 1+2+5+8

Text: Sonett Nr. 19

Nur eines möcht ich nicht: daß du mich fliehst.
Ich will dich hören, selbst wenn du nur klagst.
Denn wenn du taub wärst, braucht ich, was du sagst
Und wenn du stumm wärst, braucht ich, was du siehst

Und wenn du blind wärst, möcht ich dich doch sehn.
Du bist mir beigesellt als meine Wacht:
Der lange Weg ist noch nicht halb verbracht
Bedenk das Dunkel, in dem wir noch stehn!

So gilt kein »Laß mich, denn ich bin verwundet!«
So gilt kein »Irgendwo« und nur ein »Hier«
Der Dienst wird nicht gestrichen, nur gestundet.

Du weißt es: wer gebraucht wird, ist nicht frei.
Ich aber brauche dich, wie's immer sei
Ich sage ich und könnt auch sagen wir.

(Bertolt Brecht, ein Gedicht aus der Zeit des Exils, 1939)

Ansprache

»Nehmt einander an, wie Christus euch angenommen hat zu Gottes Lob.«
Römer 15,7

Liebe N.N., lieber N.N.!
Es sind nicht die Hoch-Zeiten, die dem menschlichen Leben seine bestimmende Gestalt geben. Die erhält es doch wohl mehr durch Arbeit und Wiederholung. Gewöhnliche Tage, und das sind ja doch die meisten, haben eine beharrliche Neigung, sich auf grau hin einzufärben, fast jede Lust ist irgendwie erkauft und bezahlt, und wenn eine Last endlich geringer wird, wächst an anderer Stelle schon eine neue heran, die es gerade auf unsere Schultern abgesehen hat. »Es ist alles ganz eitel«, heißt es im Buch des »Predigers« im Alten Testament, »es ist alles ganz eitel. Was hat der Mensch für Gewinn von all seiner Mühe, die er hat unter der Sonne? Geschieht denn etwas, von dem man sagen könnte: ›Sieh, das ist neu‹?« (1,2–3.10)
Und wir sind hier und feiern das Leben. Sind an einen Ort gekommen, der kein Alltags-, sondern ein Sonntags-, ja für die meisten ein ausgesprochener Feiertags-Ort ist. Es hat Ihnen beiden nicht genügt, einen Ehe-Vertrag zu schließen; Sie bestehen darauf, Ihre Hochzeit auch zu feiern »mit Freunden, Verwandten, Kollegen und Bekannten«. Mit Essen und Trinken, mit Reden und festlicher Musik. Warum das?
Das Fest, das hier in der Kirche beginnt, ist ein Widerspruch gegen schlechte Erfahrungen, die andere und die wir selbst gemacht haben. Das Scheitern zu feiern, liegt uns nicht; es ist auch nicht nötig, weil es sich aus eigener Kraft und mit eigener Dynamik bestimmend auswirkt auf den Geschmack des Lebens. Wir sind auch nicht bereit, ihm recht zu geben. Es wäre klüger, pessimistisch zu sein; aber wir entscheiden uns für eine andere Art von Klugheit, die sich nicht auf üble Erfahrungen festlegen läßt, sondern sich mutig auf den Weg macht und das bessere Leben sucht. Miteinander und ineinander haben Sie es gefunden, nein: Sie haben einander gefunden und sind zuversichtlich oder gewiß, daß Sie miteinander dieses bessere Leben finden werden, und zwar in guten und in bösen Tagen, in Hoch-Zeiten und in Zeiten voller Mühe.
Wir können Tage wie diesen nicht vorübergehen lassen, ohne sie in Anspruch zu nehmen für die Feier des Lebens, in dem es oft so wenig zu feiern gibt. Was für ein Glück, daß Sie beide sich gefunden haben, ohne einander zu suchen. So oft sich schon zwei Menschen zusammengetan haben – diese Verbindung ist noch nicht gewesen, und in ihr bekommt das Leben ein anderes Gesicht, so daß man doch sagen kann: »Sieh, das ist neu!« Daß Sie einander die Ringe an die Hand geben, daß Sie Ihre Hände ineinander legen und sich einander in die Hände geben ohne Angst, daß Sie gesegnet werden mit dem Segen Gottes, der die Fülle des Lebens ist, das alles garantiert nichts, aber es ist ein Zeichen für Ihre Erwartungen an das

Leben, das Sie doch auch schon geschlagen hat, ein Zeichen dafür, daß es Mut und Zuversicht und Glück gibt und daß sie uns zuwachsen, solange wir lebendig sind. Wir feiern das Leben, das noch verborgen vor uns liegt. Und darin finden wir eine der schönsten, der menschlichsten Gestalten, die wir annehmen können.

Sie beide, N.N. und N.N., bringen verschiedene Temperamente, unterschiedliche Lebensgewohnheiten und Vorgeschichten zusammen. Ein Außenstehender wäre vielleicht nicht unbedingt darauf gekommen, daß Sie füreinander die idealen Partner wären. (Bei einem Ehevermittlungs-Institut hätte man Sie, auch und gerade mit Hilfe eines Computers, wahrscheinlich nicht füreinander ausersehen.) Vielleicht liegt gerade in dieser Verschiedenheit (oder, wie Bloch formuliert, in der »feinen, brennenden Andersheit«) der besondere Reiz Ihrer Verbindung, die bewegende Unruhe Ihrer Liebe zueinander. Ein derzeit auffallend betonter Aspekt von Paarbeziehungen liegt darin, daß man im anderen sich selbst finde und liebe. Das ist wohl wahr, wenn auch nicht unbedingt erhebend. Bei Ihnen beiden scheinte es mir eher so zu sein, daß Sie im jeweils anderen solchen Aspekten begegnen, die in Ihnen selbst weniger deutlich vorkommen. Ich kann mir gut vorstellen, wie sich die ruhige Geduld des einen und die tänzelnde Ungeduld der anderen spannungsreich miteinander verdrehen, und ich habe auch eine Phantasie davon, wie es sich für Sie, N.N., anfühlen mag, wenn N.N.'s Zögern lange andauert (oder für Sie, N.N., wenn N.N. deutlich macht, daß sie die Zeit einer Entscheidung für gekommen hält). Dabei ist es doch völlig am Tag, daß Sie beide die Verschiedenheit der Temperamente und der Lebenstechniken weniger als Aufgabe denn als schöpferische Bereicherung erleben. Aber eine Aufgabe liegt in dieser Verschiedenheit eben auch. Daß Sie sie annehmen, beweist die Wahl Ihres Trauspruchs: »Nehmt einander an, wie Christus euch angenommen hat zu Gottes Lob« (Röm 15,7). Im 14. und 15. Kapitel seines Briefes an die christliche Gemeinde in Rom läßt Paulus sich über »die Schwachen und die Starken« aus, und es geht ihm darum, daß die »Starken« sich nicht herablassen zu den »Schwachen«, erst recht aber nicht ihnen Gewalt antun, während die »Schwachen« sich nicht von den »Starken« verführen lassen sollen, etwas zu tun, wozu sie nicht wirklich frei sind. »Einander annehmen«, bedeutet dann wohl: Unterschiede nicht aufheben wollen, sondern achten und lieben; sich nicht durchsetzen wollen (weder durch Stärke noch, was ja auch möglich wäre, durch das ungeheure Gewicht der Schwäche); Uneinigkeit nicht als Störung fürchten, sondern als Anstoß zu besseren Lösungen schätzen. In diesem Zusammenhang erscheint Christus als Vorbild (»wie Christus euch angenommen hat«), und zwar in einem besonderen Sinn, der Paulus offenbar überaus wichtig war: Christus habe nicht »sich selbst zu Gefallen« gelebt, sondern »sich selbst entäußert« (Phil 2,7). Das meint wohl: Er hat nicht auf sich bestanden, nicht an sich festgehalten, sondern war frei, sich auf die Menschen einzulassen und zu werden wie sie (ohne doch seine besondere Identität dabei einzubüßen). Christus, wie Paulus ihn darstellt, ist ein Mensch ohne Angst um sich selbst – und darum fähig, andere anzunehmen. Vielleicht ist dies das Beste, das Wichtigste, was von ihm zu lernen wäre. Ich denke mir, daß dazu der Rollenwechsel zwischen Starken und Schwachen gehört, wie Ingmar Bergman ihn beschrieben hat: Daß ich dich auf eine sehr »irdische« Weise liebe, das bedeutet auch, daß einmal du groß bist und ich klein, ein anderes Mal du schwach sein kannst, wenn ich stark bin. »Du bist mir beigesellt als meine Wacht«, wie Brecht es im Sonett Nr. 19 ausdrückt, das gilt dann auch wechselseitig: Wir sind uns beigesellt als eine Wacht.

»Du weißt es: wer gebraucht wird, ist nicht frei.
Ich aber brauche dich, wie's immer sei
Ich sage ich und könnt auch sagen wir.«

Daß Sie sich gegenseitig brauchen, nötig haben, ohne einander zu gebrauchen oder zu mißbrauchen, auch das ist eine Auslegung des Satzes: »Nehmt einander an«. Brechts Sonett stammt aus der Zeit seines langen Exils (»Bedenk das Dunkel, in dem wir noch stehn!«), und ich möchte Ihnen beiden am Schluß die letzte Zeile ans Herz legen, die Sie ja in Ihrer Hochzeitseinladung zitiert haben: »Ich sage ich und könnt auch sagen wir«. Nicht nur Sie beide werden einander brauchen, auch »wir« brauchen Sie, damit das vielgestaltige »Dunkel, in dem wir noch stehn«, zuende geht oder doch hier und da aufgelichtet wird. Sie beide, die Sie einander glücklich gefunden haben, sind unentbehrlich dafür, daß »der lange Weg«, auf dem »der Mensch dem Menschen ein Helfer wird«, zuende gebracht und es so möglich wird, »freundlich zu sein«. Auch so findet das »Lob Gottes« statt, von dem Paulus gesprochen hat: »Nehmt einander an, wie Christus euch angenommen hat zu Gottes Lob.«   Amen

Lied: „Wo ein Mensch Vertrauen gibt"

Text: Hans-Jürgen Netz
Melodie: Fritz Baltruweit

1. Wo ein Mensch Ver - trau - en gibt, ___
2. Wo ein Mensch den an - dern sieht, ___
3. Wo ein Mensch sich selbst ver - schenkt

nicht nur an sich sel - ber denkt,
nicht nur sich und sei - ne Welt, ___
und den al - ten Weg ver - läßt, ___

fällt ein Trop - fen von dem Re - gen,
fällt ein Trop - fen von dem Re - gen,
fällt ein Trop - fen von dem Re - gen,

der aus Wü - sten Gär - ten macht.
der aus Wü - sten Gär - ten macht.
der aus Wü - sten Gär - ten macht.

Aus „52 Lieder der Hoffnung" (av-edition, München)
Textrechte: tvd-Verlag, Düsseldorf
Rechte (Melodie) beim Urheber

Frage und Antwort

Wenn Sie beide der Liebe, die Sie zusammengeführt hat, vertrauen, wenn Sie sie bewahren und entwickeln wollen in Treue und unbedingter Solidarität, wenn Sie einander annehmen wollen in guten wie in bösen, in glücklichen und in schweren Tagen, so antworten Sie, N.N. und N.N.: »Ja, und Gott helfe uns«.

Segen

Orgel: J. S. Bach, Fuge Es-Dur, BWV 552

Gebet und Vaterunser

Orgel: J. S. Bach, »Wachet auf, ruft uns die Stimme«, BWV 645

Schlußsegen

Auszug

So spricht Gott sein Ja, so stirbt unser Nein

**Traugottesdienst für
ein Ehepaar mit sechs kleinen Kindern**
Klaus von Mering

Zur Situation

Das Besondere an diesem Gottesdienst war nicht, daß das Brautpaar ohne Eltern, Geschwister, Freunde oder sonstige Angehörige zur Trauung kam. Das kommt hier auf der Insel Langeoog hin und wieder vor: Paare, die bewußt alles hinter sich lassen, weil sie die große Zahl der Verwandten und Kollegen zuhause emotional zu erdrücken droht oder finanziell überfordert oder die ganz bewußt an eine sehr intime und persönliche Erfahrung auf der Insel oder in einem unserer Gottesdienste mit ihrer Trauung anknüpfen wollen. Ich baue eine solche Trauung dann in der Regel in einen der zahlreichen ›Nebengottesdienste‹ ein, z.B. in eine werktägliche Abendandacht, sodaß für eine hinreichende Zahl von Trauzeugen und Mitsängern gesorgt ist. Die Ansprache geht in die Gemeindepredigt ein und Traufragen und -segen bilden die Brücke zwischen Abkündigungen und Fürbitten.

Das Besondere an diesem Gottesdienst war auch nicht, daß die Partner verschiedenen Konfessionen angehörten: sie katholisch, er evangelisch, beide mit einer gewachsenen Bindung an ihre Kirche. Mein Vorschlag, daß sie sich Dispens von der Formpflicht erbitten sollte, konnte nicht verwirklicht werden, weil sie in erster (katholisch getrauter) Ehe geschieden war. Intensive Vorgespräche mit dem zuständigen katholischen Pfarrer und dessen Vorgesetzten führten allerdings dazu, daß ihr von dieser Seite ausdrücklich ein gutes Gewissen gemacht wurde: Man müsse zwischen den Rechtsordnungen und den seelsorgerlichen Aspekten unterscheiden, und sie solle sich nach wie vor bei den Sakramenten willkommen fühlen (!). Tatsächlich hatte die Ehe auch nur gerade so lange bestanden, um die Geburt der Zwillinge zu legalisieren. Eine nachträgliche Annullierung im Sinne des katholsichen Eherechts erscheint keineswegs aussichtslos.

Das Besondere an diesem Gottesdienst bestand auch nicht darin, daß beide Partner bereits verheiratet waren und aus diesen Ehen insgesamt sechs Kinder mitbrachten: Zu den knapp zweijährigen Zwillingen der Braut kamen vier Kinder des verwitweten Bräutigams im Alter zwischen 2 und 11 Jahren. Abgesehen von der Zahl und dem Lebensalter der Kinder kommen solche Eheschließungen heute ja häufig genug vor, vielleicht sogar häufiger, als es nötig wäre; wenn wir besser gelernt hätten, Konflikte zu bewältigen, statt vor ihnen davonzulaufen, könnte sicher die Zerstörung so mancher Familie verhindert werden. Und daß viele dieser Zweitehen dann auf den Segen der Kirche verzichten, ist ja wohl auch eher ein Symptom der Verdrängung – nicht nur bei den betroffenen Ehepaaren, sondern auch bei uns, auf Seiten der kirchlichen Funktionäre. Aber gerade in meiner Situation, wo das Gemeindeleben über mehr als 3/4 des Jahres von Menschen geprägt ist, die sich nur für begrenzte Zeit hier aufhalten, ›trauen‹ sich doch ab und an auch solche Paare zur ›Trauung‹, sodaß mir der Kasus einer ›Familienhochzeit‹ eigentlich nicht fremd ist.

Das Besondere an diesem Gottesdienst war, daß hier alle genannten Aspekte zusammenfielen. So stand ich vor der Frage, wie eine Trauung auszusehen hat und zu realisieren ist, an der, abgesehen von meinem Vikar sowie Küster und Organist, nur das Brautpaar mit seinen sechs relativ kleinen Kindern teilnahm.

Der Einbau in einen Gemeindegottesdienst war im Blick auf die kurze Verweildauer der Familie ›zwischen den Jahren‹ und mit Rücksicht auf die besondere familiäre Situation nicht möglich. Ein ›Ruhigstellen‹ der Kleinkinder durch einen oder mehrere Betreuer für die Dauer eines üblichen Traugottesdienstes scheiterte – abgesehen von der grundsätzlichen Fragwürdigkeit eines solchen Versuches! – am ›Klammern‹ der Kleinen, nur zu verständlich nicht nur angesichts der fremden Umgebung, sondern auch der sicher noch nicht verarbeiteten Verlustangst in beiden Familienhälften. So entschloß ich mich, die herkömmliche Trauordnung zu demontieren und möglichst viele Teile auf die *Ebene eines Kindergottesdienstes* zu transponieren. Das Ergebnis wurde von den Betroffenen so spürbar angenommen und mitvollzogen, daß ich es wage, diesen für mich bisher einmaligen ›Fall‹ an die Öffentlichkeit zu bringen. Vielleicht kann er, in seiner Gesamttendenz oder in einzelnen Elementen, anderen als Vorlage dienen.

26

Begrüßung

Die Familie fährt in einer Pferdekutsche vor der Kirche vor. Ich begrüße Eltern und Kinder, wechsele mit jedem von ihnen ein paar Worte, um ihnen die Angst vor dem schwarzen Mann und die Spannung zu nehmen. Formloser Einzug. Der Organist spielt ein paar Takte dazu.

Votum

Im Namen des Vaters und des Sohnes und des Heiligen Geistes.

Wir sind hier zusammengekommen, um die Hochzeit eurer Eltern zu feiern, um Gott um seinen Segen für eure Ehe und eure Familie zu bitten. In der Kirche fällt es uns leichter, an Gott zu denken und mit ihm zu reden, zu beten. Darum sind wir zusammen hierher gekommen am Beginn eures Hochzeitsfestes, hierher in die Kirche. Gott soll am Anfang stehen und obenan in allem, was eure Familie in Zukunft angeht.

Das bringen wir auch damit zum Ausdruck, daß wir die Ringe, die ihr tragt als Zeichen eurer Liebe und Zusammengehörigkeit, jetzt auf den Altar legen, auf Gottes Tisch, zum Zeichen, daß er der Herr und Hüter eurer Liebe und Ehe sein soll.

Wir beten:

Herr, wir haben uns versprochen: wir wollen für immer zusammenleben als Ehepaar und als Familie. Wir wissen genau: Dazu braucht es mehr als Gewöhnung und gegenseitige Achtung, dazu genügen weder verliebte Gefühle noch vernünftige Entscheidungen. Was wir brauchen, ist Liebe, Gott. Liebe, wie sie nur von dir kommt. Liebe, die wir empfangen, ohne sie je zu besitzen, die wir schenken, ohne doch darüber zu verfügen. Wir brauchen Worte, die mehr tragen, als wir in sie hineinlegen. Wir brauchen Hoffnung, die sich an dem Einerlei und den Enttäuschungen des Alltags nicht abschleift. Wir brauchen Vertrauen, das in kritischen Situationen nicht zerbricht, sondern wächst.

Öffne uns die Tür zu dieser Liebe, Herr. Gib du unseren Hoffnungen und unsern Ängsten Halt und laß uns nie vergessen, daß unsere Ringe hier nebeneinander auf deinem Altar gelegen haben. Halte uns durch deine Liebe verbunden, untereinander, mit unsern Kindern, mit unsern Angehörigen und Freunden, mit deiner Gemeinde. Durch Jesus Christus unsern Herrn. Amen.

Wir singen zusammen:

Lied: EKG 231,1–3,5+7

Kinderpredigt

Ich möchte euch eine Geschichte erzählen (die Dias, die ich dazu zeige, stammen aus verschiedenen Reihen der Serie ›Kees de Kort, Was uns die Bibel erzählt‹, zu beziehen bei der deutschen Bibelgesellschaft, Stuttgart):

1 (›Schöpfung‹ Nr. 1): Am Anfang war nur Gott und sonst nichts. Es gab keine Sonne und keinen Regen, kein Lachen und kein Sterben, keine Schule und keinen Urlaub, keine Dunkelheit und kein Licht. Es gab nur Gott. Aber Gott wollte nicht allein sein, darum schuf er Himmel und Erde.

2 (›Schöpfung‹ Nr. 4): Er schuf das Wasser und das Land, und den Strand, wo sich beide begegnen.

3 (›Schöpfung‹ Nr. 5): Er schuf Blumen und Bäume

4 (›Schöpfung‹ Nr. 7): und hängte Lichter an den Himmel: die helle, warme Sonne für den Tag, den gemütlichen Mond und die freundlichen Sterne für die Nacht.

5 (›Schöpfung‹ Nr. 8): Im Meer ließ er viele Fische schwimmen, damit es kein totes Meer wäre und die Fischer etwas zu essen hätten.

6 (›Schöpfung‹ Nr. 9): Am Himmel flogen viele bunte Vögel

7 (›Schöpfung‹ Nr. 10): und auf dem Land gab es nun Nashörner, Affen, Igel, Hasen und Schafe (die Kinder fügen spontan weitere hinzu).

8 (›Schöpfung‹ Nr. 11): Aber bei all dem dachte Gott eigentlich immer nur an eins: an den Menschen, sein, Gottes, Ebenbild.
Und als dann alles fertig war – wie ein großer Garten, wie ein Haus, dessen Dach der Himmel ist – da schuf Gott den Menschen. Als Mann und Frau, als Mädchen und Junge schuf er sie. Sie sollten sich liebhaben und so den Garten Erde bebauen und bewahren.

9 (›Schöpfung‹ Nr. 12): Und Gott sah an alles, was er gemacht hatte; und siehe, es war sehr gut.

10 (›Barmherziger Samariter‹ Nr. 3): Aber die Menschen fingen an, Sachen zu machen, die nicht ›sehr gut‹ waren; sie taten nicht, was sie sollten, sie waren böse. Und als Gott Boten schickte, die sie an die Liebe erinnern sollten, da schlugen sie sie tot.

11 (›Jesus ist geboren‹ Nr. 2): Schließlich dachte Gott: Ich mach es anders. Ich schick ihnen ein Kind, das wird an die Liebe erinnern, die sie vergessen haben. So wurde es Weihnachten, und Jesus, Gottes Sohn, kam im Stall von Bethlehem zur Welt.

12 (›Jesus ist auferstanden‹ Nr. 5): Abere schon von diesem Kind wollten viele nichts wissen; und als Jesus groß war und Gottes Liebe unter den Menschen austeilte, da paßte das vielen nicht in den Kram, und sie griffen ihn, machten kurzen Prozess und schlugen ihn ans Kreuz. Seine Freunde begruben ihn in der Erde und waren traurig.

13 (›Jesus ist auferstanden‹ Nr. 6): Aber Gott sagte: Nein! Diesmal kommt ihr mir nicht davon! Und er rief Jesus aus dem Grab heraus zu sich in seine Herrlichkeit. Den Frauen aber, die kamen, um das Grab zu pflegen, ließ er einen Engel da, der sagte es ihnen.

14 (›Hochzeit zu Kana‹ Nr. 2): Da begriffen die Menschen, zuerst nur ein paar, dann immer mehr: Liebe ist doch stärker als Gewalt und Tod.

13 (›Hochzeit zu Kana‹ Nr. 1): Und immer, wenn zwei Menschen sich lieb-

haben und für immer zusammenbleiben wollen, dann feiern sie miteinander ein Fest und bitten Gott, er möge ihnen seinen Segen mit auf den
Weg geben. Das soll auch heute hier geschehen.

Das Lied, das wir jetzt miteinander hören und bedenken, ist für uns alle
gleichermaßen neu und fremd. Ein katholischer Priester hat den Text geschrieben, ein evangelischer Pastor die Melodie. (Das Lied wird als
Orgelchoral gespielt, der Text zeilenweise von mir gelesen, der Refrain
ansatzweise miteinander gesungen: ›So spricht Gott sein Ja, so stirbt unser
Nein!‹).

Lied: Suchen und fragen

2. Klagende hören, Trauernde sehn,
   aneinander glauben und sich verstehn.
   Auf unsre Armut läßt Gott sich ein –
   so spricht Gott sein Ja,
   so stirbt unser Nein.

3. Planen und bauen, Neuland begehn,
   füreinander glauben und sich verstehn.
   Leben für viele, Brot sein und Wein –
   so spricht Gott sein Ja,
   so stirbt unser Nein.

Text: Diethard Zils
Musik: Fritz Baltruweit

Textrechte im tvd-Verlag, Düsseldorf
Musikrechte im Dagmar-Kamenzky-Verlag, Hamburg

Ansprache

Als ›Ansprache‹ folgt eine knappe Begründung, warum ich Römer 15,7 als Trauspruch gewählt habe. Soweit nötig und möglich, beziehe ich die größeren Kinder mit ihnen geltenden Bemerkungen ein:

»Nehmet einander an, wie Christus euch angenommen hat zu Gottes Lob!« Römer 15,7

1. Sich annehmen, heißt zueinander ohne Vorbedingungen ›Ja‹ sagen (ohne ›wenn sie das noch lernt‹, ›wenn er das noch läßt‹, ›wenn wir gesund bleiben‹, ›solange wir uns anziehend finden‹ …)

   … heißt ›Ja‹ sagen auch zur Andersartigkeit des anderen, die mich faszinieren und magisch anziehen kann, die aber auch befremdlich, ja abstoßend sein kann (Andersartigkeit seiner (Ehe-)Geschichte, seiner Konfession, seines Lebensgefühls, seiner landsmannschaftlichen und beruflichen Prägungen …).

   ›Ja‹ sagen heißt nicht, das ›Nein‹ unterdrücken; das Nein soll ›sterben‹ (s. Lied!). Dazu muß man es erkennen und ernstnehmen.

2. ›Wie Christus euch‹: das Nein sehend und vergebend, sein Ja wichtiger nehmend als unser Nein.

   ›Wie‹ ist nicht nur Vorbild für unser Handeln, sondern Begründung: Weil er mit uns so umgeht, können wir ihm ›nachfolgen‹. Aber auch: ein Vorbild sieht und ›begreift‹ man, eine Begründung bedarf der ständigen Vergewisserung.

3. Heiraten ist eine weltliche Angelegenheit (hier nehme ich einen Faden des Traugesprächs wieder auf: Unterschied zwischen evang. und kath. Verständnis der Trauung). Aber weil unsere Liebe, wie wir selbst, krank werden kann, brauchen wir jemanden, der sie gesundzupflegen weiß. Dazu fehlen uns gerade dann die Kräfte. Kranke Liebe ist schmerzhaft. Einen Menschen nicht zu verstehen, der mir nichts bedeutet, ist allenfalls ärgerlich; dem Menschen, den ich liebe, nicht folgen zu können, tut weh, macht krank. Der Trausegen bedeutet einerseits die Zusage Gottes, seine heilende Kraft nicht zurückzuziehen, andererseits die Übereinkunft der Getrauten, gemeinsam auf diese heilende Kraft zu setzen.

4. Gott schuf den Menschen für die Liebe, mit der er die ihm anvertrauten Haus und Garten umsorgt (s.o.). Wo das geschieht, wird Gott bereits ›gelobt‹. Das ausdrückliche Gotteslob in Andacht und Gottesdienst macht nur für uns und andere hörbar, was tagtäglich in unserem ›Haus‹ und unserm ›Garten‹ geschieht.

Wir wollen nun miteinander ein Lied singen, das ich eigens für euch ›gedichtet‹ habe. Strophe 1 habe ich für N (den Ältesten, 11 J.) gedacht, Strophe 2 für A (die 8j. Schwester), Strophe 3 für B (die 6jährige) und Strophe 4 ist für die 3 Kleinen.

Lied: Die Eltern feiern Hochzeit

Die Eltern feiern Hochzeit, wir singen „Gott, sei Dank!"

Wir freu'n uns miteinander den ganzen Tag entlang.

1. Ich wünsch euch Frieden für alle Zeit, daß Gottes Güte

euch stets geleitet.

2. Ich wünsch euch Arbeit, die euch gelingt,
und Zeit zur Stille, die Freude bringt.

3. Ich wünsch euch immer ein offenes Haus,
fröhliche Gäste beim Festtagsschmaus.

4. Wir wünschen Regen und Sonnenschein,
damit's nie mangle an Brot und Wein.

Weitere Strophen selber dichten!

Melodie: Wolfgang Longardt; Text: K. v. Mering

Schluß
Der Gottesdienst schließt mit den Traufragen, dem Ringwechsel und dem
Trausegen.

Schritte ins Offene

Traugottesdienst *Hannes-Dietrich Kastner*

Zur Situation

Es handelt sich um ein schon älteres Paar. Beide waren schon einmal verheiratet; beide sind innerhalb eines Jahres verwitwet. Die Trauer um die früheren Partner war beiden sehr gegenwärtig.

Einzug

Lied: EKG 274 Jesu, geh voran

Begrüßung
Gnade sei mit Euch und Friede von Gott, unserem Vater, und unserem Herrn Jesus Christus.
Herzlich willkommen in der Gottliebenkapelle.
Einen angemesseneren Ort als diese Kapelle hätten Sie, liebes Hochzeitspaar, nicht finden können. Ich denke jetzt nicht an die kurze Wegstrecke bis zu Ihrem Haus; ich denke auch nicht an die Intimität dieses Gotteshauses, sondern an den Namen dieser Kapelle. Sie ist nämlich nicht nach irgendeinem Gottlieb benannt, sondern ihr Name nimmt Bezug auf ein Wort im 8. Kapitel des Römerbriefes, wo es heißt:»Wir wissen aber, daß denen, die Gott lieben, alle Dinge zum Besten dienen ...«; Römer 82,8.
Die Gottliebenkapelle ist Friedhofskirche, Erinnerungen an Verstorbene werden hier wach, Menschen empfinden hier Trauer und Klagen, hier werden Menschen getauft und konfirmiert, hier sind Menschen dankbar-glücklich, singen, beten. Und allen gilt dabei Gottes Versprechen, daß er es gut mit uns meint – auch mit Ihnen.»Wir wissen aber, daß denen, die Gott lieben, alle Dinge zum Besten dienen«.
Ich wünsche Ihnen und uns allen einen gesegneten Gottesdienst.

Lied: Von guten Mächten wunderbar geborgen (Vers 1)

Gebet
Gott, wir danken dir für das Licht dieses Tages. Wir danken dir für den Weg, der hinter uns liegt. Das Schwere, das wir zu tragen hatten, hat uns nicht erdrückt. Die Freude, die du uns schenktest, sie hat uns nicht zu Lügnern werden lassen: denn die Risse in unserem Leben verschweigen wir nicht.
Gott, wir danken dir für das Licht dieses Tages. Wir danken dir für den Menschen, der uns liebt. Wir danken dir für das Vertrauen, das uns verbin-

det – und das uns wohltut. Wir danken dir für deine Nähe, die uns birgt.
Schließe uns auf für dich, – für deine guten Gedanken. Schließe uns auf füreinander; – das erbitten wir durch Christus, unsern Herrn, Amen.

Lied: Von guten Mächten wunderbar geborgen (Vers 1)

Ansprache
Text: Psalm 30 (in Auswahl)

Liebes Hochzeitspaar, liebe Angehörige, liebe Gemeinde!
Dietrich Bonhoeffer schrieb einmal:
»Ehen werden weder durch die Kirche, noch durch den Staat geschlossen
und empfangen auch nicht erst durch diese Institutionen ihr Recht. Die
Eheschließung erfolgt vielmehr durch die beiden Ehegatten. Die Tatsache,
daß die Ehe öffentlich vor dem Staat und vor der Kirche geschlossen wird,
bedeutet nichts als die öffentliche staatliche und kirchliche Anerkennung
der Ehe und der ihr innewohnenden Rechte. Das ist lutherische Lehre.«
Glauben Sie mir bitte, der Part, der mir als Pfarrer in diesen Sätzen zugewiesen wird, schmeckt mir nicht. Ich – als Repräsentant der Kirche – soll
heute Ihre Ehe anerkennen? Nur das? Glücklicherweise haben Sie Ihrerseits nicht nur nach dieser kirchlichen Legitimation Ihrer Ehe gefragt, sondern einen Gottesdienst erbeten, einen Gottesdienst, in dem Sie selbst vorkommen möchten – mit Ihrer Geschichte, mit Ihrer Freude, mit Ihren
Hoffnungen.
Ihre Geschichte: Ihre Lebenswege waren zunächst ganz und gar getrennte
Wege. Sie waren beide verheiratet; und Sie, N.N., haben auch Kinder. Zu
Ihrer Lebensgeschichte gehört das dunkle Jahr 1983, in dem jeder von
Ihnen seinen geliebten Ehepartner verlor. Ein tiefer Einschnitt. Sie werden
sicher nie vergessen, wie Sie damals – jeder für sich – klagten, fragten:
»Warum geschieht das mir?« »Wohin soll ich meine Schritte lenken?«
»Kann ein Mensch je tiefer fallen?« Niemand unter uns beneidet Sie um die
Erfahrung des Jahres 1983. Denn es ist unendlich schwer, aus der Trauer
zurück zur Freude zu finden, aus der Enge heraus ins Offene. Und selbst,
wenn wir zaghaft ein paar Schritte ins Offene wagen, kommen uns natürlich
gleich Skrupel, Schuldgefühle, Überlegungen, die sagen: »Du darfst das
Leben nicht mehr liebhaben, du darfst nicht unbekümmert deinen Weg
suchen; denn das wäre Unrecht gegenüber deinem verstorbenen Ehepartner, Ausdruck deiner Untreue also.«
Nichtwahr, Ihnen sind solche Erwägungen sicher nicht fremd; und den
Töchtern gewiß auch nicht … Ich möchte Ihnen an dieser Stelle von einer
Begegnung mit dem jüdischen Schriftsteller Valentin Senger erzählen. Im
Mai dieses Jahres führte er eine Gemeindegruppe von uns über einen

Frankfurter Judenfriedhof – und dabei berichtete er über jüdische Trauervorschriften und -bräuche. Ich erinnere mich noch, wie er sagte:
»Sind bei der Totenfeier Reden und Gebete verklungen, zerreißt man das Gewand des Trauernden an einer sichtbaren Stelle. Dieser Riß, die K'ria, symbolisiert den Riß im Herzen. Dann sprechen die Angehörigen das Kaddisch-Gebet, eine Lobpreisung Gottes. Sie sprechen es elf Monate täglich. Nach dem Kaddisch-Gebet am Grab beginnt die Trauerwoche, die Schiwe (sieben). Zu Hause auf niedrigen Schemeln sitzend, ohne Schuhe, empfangen die Trauernden Beileidsbesuche. Nach der Schiwe kommt die Scholschim (dreißig), die nicht ganz so strengen dreißig Trauertage. Nach diesen dreißig Tagen ist die Trauerzeit vorüber, außer beim Tod von Vater und Mutter. Da währt sie ein ganzes Jahr. Das Judentum beschränkt die Trauer streng auf die angegebenen Perioden und Bräuche. Der Grund: eine grenzenlose Trauer ist nicht in Gottes Sinn. Gott möchte, daß wir das Leben liebhaben und das Geschenk unseres Lebens achten, unser Leben verantwortlich gestalten.
Die K'ria, der Riß im Gewand, wird nach dreißig Tagen bzw. einem Jahr wieder zugenäht. Das Gewand kann wieder getragen werden; freilich – mit den sichtbaren Spuren, mit einem Riß im Herzen.«
Ich denke, ich muß mich nicht dafür entschuldigen, daß ich Ihnen das heute an Ihrem Hochzeitstag erzählt habe. Ich will Sie durch diese Hinweise Valentin Sengers nicht bedrücken, sondern ganz im Gegenteil: Ich möchte Sie heute ausdrücklich dazu ermutigen, die Fäden Ihrer ursprünglich unterschiedlichen Lebensgeschichten von nun an gemeinsam weiterzuspinnen – zu einem reißfesten Faden, in bunten fröhlichen Farben. Denn nicht grenzenlose Trauer hat uns Gott zugedacht, sondern seine grenzenlose Liebe, das Leben in seinem ganzen Reichtum, das Leben in einer neuen Bindung, das Gespräch – und Glück – und Lachen, die geteilte Zeit.
Ich kann verstehen, daß Sie anfangs, als Sie sich kennenlernten, den Übergang von der Trauer in eine neue Freude kaum zu fassen vermochten – und manchmal vielleicht dachten: es ist unschicklich-unmöglich.
Beim Lesen der Psalmgebete Israels entdeckte ich einen Text, der – so empfinde ich – Ihre Erfahrungen widerspiegelt, Ihren Weg aus der Trauer heraus – Ihren Weg in den heutigen Tag. Hören wir auf Worte des 30. Psalms:
Ich will dich preisen, o Herr,
denn du zogst mich empor aus dem Abgrund.
Herr, mein Gott, als ich zu dir schrie,
da machtest du mich heil.
Von den Toten holtest du meine Seele zurück,
riefst mich ins Leben
mitten aus der Menge der Toten.
Zu dir, Herr, schrie ich,
zu dir flehte ich, mein Gott:

Höre, Herr, erbarme dich!
Sei mein Helfer!
Verwandelt hast du meine Klage
in einen Reigen,
gelöst das Trauergewand,
mich mit Freude umkleidet,
daß dir singe mein Herz, daß es nicht schweige,
auf daß ich, Herr, mein Gott,
dir danke in Ewigkeit.

Lobsinget dem Herrn, ihr seine Heiligen,
und preiset seinen heiligen Namen.

Bedarf dieses Psalmgebet Israels einer Auslegung mit vielen Worten?
Dieses Gebet will nicht ausgelegt werden, es will gebetet werden; es will
durch Ihr gemeinsames Leben ausgelegt werden, durch Ihre Liebe, durch
Ihr Vertrauen, durch Ihren Dank für einander. Nein, nur Ihre Ehe an die-
sem Ort als Repräsentant der Kirche anerkennen, – das ist mir nicht genug.
Ich – wir alle – wir wollen Sie in Ihrer Freude und in Ihrem Dank bestärken
und mit Ihnen Hochzeit feiern. Denn es ist die volle Wahrheit:
Du, Gott, hast meine Klage verwandelt in einen Reigen, / gelöst das
Trauergewand / und mich mit Freude umkleidet. / Mein Herz singt. / Es
kann nicht schweigen. / Ich will dir danken, Gott, in Ewigkeit. / Amen.

Lied: Geh aus, mein Herz EKG 371, 1+13–15+8

Trauung
»Denen, die Gott lieben, sollen alle Dinge zum Besten dienen«.
Ihr seid hier mit uns beisammen, um mit uns Gottes Segen für Euren Weg
zu erbitten. Wir haben miteinander bedacht, wie Gott von uns Menschen
denkt, wie er uns zum Leben ermächtigt und zur Freude beruft. Daran erinnere ich Euch, wenn ich Euch jetzt beide frage:
N.N. und N.N., wollt Ihr einer den anderen als den ihm von Gott geschenk-
ten Menschen annehmen? Wollt Ihr einander lieben und ehren? Wollt Ihr
für einandeer sorgen und Euch vergeben, wie Gott uns vergibt und den
Bund Eurer Ehe bewahren solange Ihr lebt? Dann antwortet und sprecht
einander zu:
»Ja, mit Gottes Hilfe.«

Ringwechsel
Im Zeichen dieser Ringe wünschen wir Euch, daß Eure Liebe an Gottes
Liebe Anteil habe.
Reicht einander die rechte Hand!
Was Gott zusammengefügt hat, das soll der Mensch nicht zerstören.
Gott festige Euren Bund und begleite Euch mit seinem Schutz.

Das Gebet unseres Herrn

Segen
Der Segen Gottes des Vaters und des Sohnes und des Heiligen Geistes
komme über Euch und bleibe bei Euch – heute – morgen – und immer.
Der Friede des Herrn ist bei Euch!. Amen.

Lied: Komm, Herr, segne uns, 1–3

Gebet
Was wir sind und was wir haben: Du, Gott, schenkst es uns. Wir danken dir
für die Zeit, die du uns erleben läßt; für die Erfahrungen, an denen wir reifen; für die Menschen, die du uns anvertraust: für den Ehepartner, für Kinder und Eltern, für Freunde und Nachbarn.
Wir bitten dich, Gott, für N.N. und N.N., schenke ihnen Geduld von deiner Geduld, Verzeihen aus deinem Verzeihen, Freiheit von Deiner Freiheit und Liebe aus deiner Liebe. Wir bitten dich zugleich für alle, die mit
N.N. und N.N. verbunden sind, daß sie das Paar freundlich begleiten. Sei
du, Gott, unser aller Schutz und schließe uns auf für deine Vorhaben mit
uns. Das erbitten wir durch Jesus Christus, unsern Herrn. Amen.

Lied: EKG 228,1–3 Nun danket alle Gott.

Segen
Es segne und behüte dich der gnädige und barmherzige Gott,
der Vater, der Sohn und der Heilige Geist.

Musik zum Ausklang: So nimm denn meine Hände

»Wundert euch über die Maßen!«

Trauung im Hauptgottesdienst   *Heinz-Dieter Knigge*

Begrüßung
Ich begrüße Sie herzlich zu unserem heutigen Gottesdienst, der gleichzeitig
der Gottesdienst zum Ehebeginn von Andrea und Michael ist.
Ein Gottesdienst zum Ehebeginn in einem Hauptgottesdienst: das ist für
viele sicher neu und ungewohnt – so wie es vor 10 oder 15 Jahren noch neu
und ungewohnt war, wenn eine Taufe im Hauptgottesdienst stattfand. Ich

habe mich gefreut, als Andrea und Michael sagten: »Aber wir möchten in einem richtigen Gemeindegottesdienst getraut werden!« Ich habe mich über diesen Wunsch gefreut, weil ich merkte, da sind zwei Menschen, die ihre Trauung nicht nur als Familienfeier und Privatsache verstehen, sondern als ein Ereignis, an dem wir als christliche Gemeinde alle beteiligt sind. Neu und ungewohnt ist das wohl noch, daß wir vielleicht etwas unvorbereitet nun nicht nur einen normalen Hauptgottesdienst miteinander feiern, sondern auch zu Gast bei einer Hochzeit sind: Lassen Sie sich einladen zur Mitfreude und zum Mitfeiern mit Andrea und Michael, auch wenn Sie sich noch nicht persönlich kennen. – Aber ich möchte natürlich nun auch die, die eben zusammen mit Andrea und Michael in unsere Kirche eingezogen sind, und die die beiden gut kennen, herzlich bei uns willkommen heißen: die Eltern, Verwandten, Freunde und Bekannten unseres frisch verheirateten Paares. Mögen Sie sich wohlfühlen in diesem Gottesdienst einer Ihnen wahrscheinlich fremden Gemeinde.

Kollektengebet:
Herr, öffne unsere Augen und Ohren füreinander, damit wir sehen, was der andere braucht, damit wir hören, was er sagt, damit wir Worte finden, die er versteht.
Herr, öffne unsere Augen und Ohren für Dich und für Dein Wort, damit wir einander als Schwestern und Brüder begegnen können. Amen.

Lesung
Die alttestamentliche Lesung für den 12. Sonntag nach Trinitatis steht bei Jesaja im 29. Kapitel.
In dunkler Zeit sieht der Prophet Licht, weil er sich auf den Gott verläßt, der den Blinden die Augen öffnet, der verzweifelten Menschen Freude schenkt, der Unlust, Taubheit, Stumpfsinn und Dummheit überwindet, weil er will, daß auf unserer Erde Gerechtigkeit und Frieden herrschen.
Unser Abschnitt aus dem 29. Kapitel des Jesajabuches lautet:
(Lesung von Jesaja 29, 18–24).

Ansprache
Liebe Gemeinde! Liebe Andrea und lieber Michael!
Ich muß an ein Erlebnis denken aus unserem letzten Urlaub. Vor drei Wochen war es wohl. Wir wollten uns eine Dorfkirche ansehen, am Samstagnachmittag in Burgund. Unversehens gerieten wir da in eine Trauung hinein. Wir beschlossen, uns die Zeit zu nehmen und in der schönen alten Kirche den Gottesdienst mitzufeiern, obwohl uns Leute und Sprache fremd waren. Eine oekumenische Trauung auch noch! Das merkten wir aber erst, als die beiden katholischen Priester und der evangelische Pfarrer aus der Sakristei kamen. Wir fühlten uns bald in diesem Gottesdienst zu Hause.

Später erinnerten wir uns noch oft an Frédéric und Catharine, die da getraut wurden und sagten: Wie es den beiden jetzt wohl gehen mag?
Andrea und Michael! Ich finde, das klingt auch gut zusammen. Bei unserem Traugespräch schon vor den Ferien haben wir hin und her überlegt, über welchen der vorgeschlagenen Texte für den heutigen Sonntag ich wohl predigen könnte, damit's eine Predigt für Euch und für die ganze Gemeinde, für alle, die hier sind, wird. Darüber habe ich auch noch im Urlaub nachgedacht. Also: ich habe mich für die Wundergeschichte entschieden. Hinterher, beim Schreiben eigentlich erst, fiel mir der Titel des einstmals berühmten Schlagers von Carla Andros ein (so hieß sie doch wohl?): Das Wunder aller Wunder ist die Liebe. Es muß ja auch nicht immer falsch sein, was Schlager verkünden. Also Markus 7,31–37. Da steht:
(Textlesung)
Ich habe in den letzten Jahren gelernt, die Wundergeschichten der Bibel als Befreiungstexte zu lesen: Als Geschichten über die Menschen befreiende Liebe, die mit Jesus Christus in unsere Welt und in unser Leben gekommen ist. Ich will versuchen, für Euch und für mich und für uns alle diese Heilungsgeschichte wie eine Hoffnungsgeschichte auszulegen.
Ein Taubstummer! Ein Mensch, der nicht hören und der nicht reden kann. Das muß man sich vorstellen. Wer wäre ich, wenn ich nicht hören und nicht reden könnte? Nicht hören können: keine Musik. Nicht die Zauberflöte von Mozart z.B. oder einen Choral. Aber auch nicht, wenn einer zu mir sagt: Wie schön – und ich hab dich lieb. Und nicht sprechen und nicht singen können. Nur unverständliche Laute lallen …
Wir haben Mitleid mit solchen Menschen, die meistens von Geburt an taubstumm sind. Aber wir machen es uns mit dem Mitleid wohl zu einfach. Wer ist behindert, krank, wer ist es nicht und gesund? Wie fließend ist die Grenze! Vielleicht halten uns die, die wir taubstumm nennen, sogar einen Spiegel vor für unsere eigene Unfähigkeit zu hören und zu reden.
»Ich schweige, wenn ich reden sollte und wenn ich einmal hören sollte, dann kann ich's plötzlich nicht, dann kann ich's plötzlich nicht. Herr, hilf das Rechte sagen. Hilf uns das Gute wagen. Herr, hilf das Rechte tun.«
Ein Vers aus einem modernen Kirchenlied, das wir manchmal auch in unseren Gottesdiensten schon gesungen haben.
Eindrucksvoll wird hier die Taubstummheit beschrieben, die uns alle wohl zumindest zeitweilig befällt.
»Herr, hilf!« Ärzte können Taubstumme nicht heilen. Ich begreife langsam, daß das überhaupt kein Gegenargument gegen unsere Geschichte ist. Im Gegenteil: Jesus setzt unserem »Unmöglich« sein Hefata! entgegen: Tu dich auf!
Ob wir nicht viel zu oft »unmöglich« sagen? Unmöglich, das ist ein Wort, das zuschließt, Möglichkeiten abschneidet, das Hoffnung und oft auch Liebe tötet. Unmöglich, daß aus dem noch etwas wird! Unmöglich, daß die beiden sich verstehen! Unmöglich, daß ich das schaffe! Unmöglich, daß wir

noch länger zusammenbleiben. Unmöglich, mit Kommunisten zusammen-
zuarbeiten! Unmöglich: Frieden ohne Waffen. – Ich fürchte, mit dem Wort
unmöglich verbauen wir uns oft Möglichkeiten des Lebens. Mit diesem
Wort mauern wir uns ein, schließen uns ab und andere aus, schaffen Feind-
schaft und Haß, arbeiten dem Tod in die Arme.

Merkwürdig, wie die Geschichte über die Heilung berichtet: Jesus soll dem
Kranken die Hand auflegen. Aber er tut noch viel mehr: Er legt seine Fin-
ger in die Ohren des Kranken, benetzt dessen Zunge mit Speichel. Mag
sein, daß im Hintergrund alte magische Vorstellungen stehen. Aber mir ist
es wichtig, daß Jesus in dieser Geschichte nicht nur redet, daß seine
Zuwendung körperlich wird, Berührung: Nähe, die man nicht nur hören,
sondern die man auch fühlen kann. Und dann erst kommt – unter Seufzen
– das befreiende Wort: Hefata! Tu dich auf! Die Fesseln der Zunge lösen
sich und die verschlossenen Ohren werden geöffnet.

Eine Hoffnungsgeschichte: Mehr ist möglich als wir für möglich halten:
Gott sei Dank! Einer, der dazu verdammt schien, am Rande zu leben, wird
in die Mitte des Lebens gestellt.

Eine Hoffnungsgeschichte auch für Euch beide, Andrea und Michael und
für Eure Ehe? Wahrscheinlich. Denn das werdet Ihr wie fast alle erleben,
diese unheimliche Bedrohung durch Sprachlosigkeit – und lastendes
Schweigen – durch Nichthörenkönnen, was der andere meint und möchte.
Ein fremdes Wort begleitet Euch und uns alle: Hefata! Ein Hoffnungswort.
Ein Wort der befreienden, zärtlichen Liebe Jesu. Denkt nicht: das ist unmöglich. Alles ist möglich dem, der glaubt: sogar Berge zu versetzen.
»Rede, damit ich Dich sehe.« »Denn wer redet, lebt und ist nicht tot.«
Ich denke auch jetzt noch an Frédéric und Catharine. Und sie wissen das
gar nicht! Unter uns sind Andrea und Michael. Gemeinschaft des Glau-
bens, die einander fremde Menschen miteinander verbindet: Auch ein wenig »Hefata«, das unter uns wirklich wird.

Was ich Euch, uns allen (und mir natürlich auch) wünsche: Daß wir das
Wundern nicht verlernen. Das Wundern über die unmöglichen Möglichkeiten des Lebens, die vielleicht Gottes Geschenke an uns sind. Am Schluß
unserer Geschichte steht der Satz: »Und sie wunderten sich über die Ma-
ßen.« – Ja, wundert Euch maßlos und zerbrecht dadurch das lieblose Maß
unserer Welt! Denn: »Er hat alles wohlgemacht. Die Tauben macht er
hörend und die Sprachlosen redend.« Eines Tages wird er wohl unsere
Ohren sogar öffnen für die Sprache, in der Gott mit uns redet. Eines Tages
wird er unsere Zunge lösen zu Dank, Bitte und Lob. Amen.

Vorspruch zur Trauhandlung
Alles, was nötig ist, damit Andrea und Michael eine rechtsgültige Ehe miteinander führen können, ist bereits auf dem Standesamt geschehen. Sie
sind in diesen Gottesdienst gekommen, um am Beginn ihrer Ehe mit uns

gemeinsam Gottes Wort zuhören, das uns auf andere Weise miteinander verbindet als die sicher notwendigen Paragraphen der Juristen.
Ich lese 1. Johannes 4,7–11+16b.

Willenserklärung
Pastor: Liebe Andrea, lieber Michael! Kommt jetzt bitte vor die Stufen unseres Altars und versprecht Gott und vor unserer Gemeinde, die Gabe Eurer Ehe zu achten und nicht zu zerstören.
Frau: Ich, Andrea, will Dich, Michael, den Gott mir anvertraut hat, als meinen Mann lieben und ehren. Mit Gottes Hilfe will ich die Ehe mit Dir nach seinem Gebot und nach seiner Verheißung führen, in guten und in bösen Tagen, bis der Tod uns scheidet.
Mann: Ich, Michael, will Dich, Andrea, die Gott mir anvertraut hat, als meine Frau lieben und ehren. Mit Gottes Hilfe will ich die Ehe mit Dir nach seinem Gebot und nach seiner Verheißung führen, in guten und in bösen Tagen, bis der Tod uns scheidet.

Ringübergabe
Pastor: Zum äußeren Zeichen für dieses Versprechen, das Ihr Euch eben gegeben habt, steckt Euch nun bitte Eure Ringe auf, weil einer sich dem anderen für immer anvertraut hat.

Handschlag
Pastor: Reicht Euch die rechte Hand. (Pastor legt seine Hand auf die Hände des Paars.) Euer Trauspruch steht im Hohenlied, Kap. 8, Vers 6+7.
»Lege mich wie ein Siegel auf dein Herz, wie ein Siegel auf deinen Arm. Denn Liebe ist stark wie der Tod und Leidenschaft unwiderstehlich wie das Totenreich. Ihre Glut ist feurig und eine Flamme des Herrn, so daß auch viele Wasser die Liebe nicht auslöschen und Ströme sie nicht ertränken können. Wenn einer alles Gut in seinem Hause um die Liebe geben wollte, so könnte das alles nicht genügen.«
Der Herr, unser Gott, sei mit seinem Frieden bei Euch auf allen Euren Wegen. Geht hin im Frieden des Herrn. Amen.

Fürbittengebet
Wir wollen beten zu Gott, unserem Vater:
– für unsere Welt, die voller Mauern ist,
  die Menschen trennen, die zueinander gehören.
  Die Mauer in Berlin ist sichtbar seit 25 Jahren.
  Es gibt auch unsichtbare Mauern,
  in unserer Gemeinde, in unseren Familien,
  zwischen den Generationen …
– für uns, deren Sprache so oft eine Quelle der
  Mißverständnisse ist.

Oft reden wir, ohne etwas zu sagen.
Oft schweigen wir, wenn wir reden sollten.
Oft bleiben wir mit unseren Worten bei uns selber
und erreichen den anderen nicht.

– Wir wollen beten für Andrea und Michael,
    daß sie sich immer wieder von neuem annehmen können
    als Gottesgeschenk und Gabe,
    daß sie füreinander dasein können,
    daß sie einander Freiheit, Geborgenheit und Freude schenken –

– für die Angehörigen unserer Toten,
    daß sie einander beistehen und helfen
    und gemeinsam die Sprachlosigkeit überwinden,
    die der Tod um sich verbreitet,
    daß Gott in Trauer und Angst Hoffnung weckt.
    Herr, unser Gott, ewiges Wort,
    menschgeworden in Jesus Christus,
    sei uns allen nahe,
    durchbrich unsere Mauern,
    öffne unsere Augen und Herzen,
    unsere Ohren und Hände,
    damit wir sehen, hören,
    lieben und leben lernen. Amen.

Lieder: EKG 87,1–2,5–6; 188,1–5; 347,1–3,6–8. Kirchentagsliederheft 85:
604,1–5; 723,1–3. EKG 218,1–7.

Der Weg vom Seidenfaden zum starken Tau

Trauung Geschiedener
mit Beichte und Abendmahl   *Walter Last*

Anmerkungen zum Grundsätzlichen und zur Situation

Zu Recht geben die steigenden Scheidungszahlen zu großer Sorge Anlaß, ebenso aber zu selbst-
kritischer Reflexion kirchlicher Praxis. Ehe ist auch nach evangelischem Verständnis und ein-
deutigem biblischen Befund die Berufung von Mann und Frau zu lebenslanger Gemeinschaft.
Und doch sieht die Realität anders aus, nicht erst heute. Der gute Wille Gottes nach der heiligen
Schrift und unsere Lebenswirklichkeit geraten in Konflikt.
Eine kirchliche Trauung Geschiedener kann doch dann eigentlich gar nicht anders verstanden
werden als die Überwindung eben dieses nicht mehr rückgängig machbaren Konflikts nach
vorne. Durch seine erneute Trauung tritt der Geschiedene erneut ein die bleibende göttliche Be-
stimmung des Menschen zu ehelicher Partnerschaft, erneut auf lebenslange Dauer. Dem stellt

sich aber eine Kirche entgegen, die diese sog. Wiedertrauung abhängig macht von einem innerkirchlichen Beantragungs- und Genehmigungsvorgang und dann – inzwischen zwar zumeist – gewährt, anstelle sie von vorneherein freudig zu begrüßen, ja dazu zu ermuntern. Kaum anderswo kann doch die Vergebung Gottes in Christus so elementar erfahren werden als hier, wo sie so unmittelbar einmündet in die Einsetzung in (wenn auch schuldhaft verlorene) Lebensfülle! (Vergebung groß zu machen, heißt doch nicht – wie manchem »Wiedertrauer« vorgeworfen wird, zum Schuldigwerden einzuladen!) Es bedeutet aber andrerseits, daß Schuld, Vergebung und Neuanfang weder schamvoll verschwiegen werden im öffentlichen Akt der Trauung – obwohl jeder Anwesende davon weiß –, noch, daß schamlos Vergangenheit ausgebreitet werden soll.

Der vorliegende Entwurf entstand als Grundidee im Gespräch mit einem kirchlich zwar aufgeschlossenen, aber kaum praktizierenden Paar (er ev. geschieden, kinderlos; sie kath. ledig, eine sechsjährige Tochter). Auslöser war der Wunsch des Paares nach Matth 18,18–20 als Trauspruch. Sie hatten, was sie da beim Bibelblättern fanden, intuitiv in Vers 18 auf ihre Situation von Trauung und Scheidung bezogen, ihren Ehewunsch in Vers 19 bestätigt gefunden und in Vers 20 sogar das Kind S einbezogen gedeutet und so sie alle der Nähe Gottes gewiß. Durfte ich hier exegetischen Beckmesser spielen? Mir machte diese eigenwillige Auslegung Mut, offen wie noch nie zuvor in einer solchen Situation über Schuld, Vergebung und Neuanfang zu sprechen. Zugleich entstand der Gedanke, der sofort in dankbarer Zustimmung aufgenommen wurde, entsprechend der traditionellen Auslegung von Matth 18,18f. Beichte und dann auch Abendmahl in der Feier der Trauung zu vollziehen.

Seither habe ich weitere gute und tiefe Erfahrungen mit dieser Trauungsform gemacht – elementare Entdeckung der Beichte inzwischen bis in die sonstige gottesdienstliche Gemeinde und mein gesamtes seelsorgerliches Handeln hinein.

Begrüßung an der Kirchentür

Liebe N.N. und N.N.! Liebe N.N.!

Sie drei sind heute in unsre Christuskirche gekommen, in der Sie, lieber Herr N.N. konfirmiert worden sind, weil Sie für Ihren gemeinsamen Lebensweg um den Segen Gottes bitten wollen. So seien Sie uns mit all Ihren Gästen willkommen und treten Sie mit mir ein, damit wir an diesem festlichen Tag miteinander dem Herrn danken, auf sein Wort hören, füreinander beten und Ihnen den Segen Gottes zusprechen. Sein Geist öffne unsere Herzen und Sinne, damit ihm unser Tun wohlgefalle.

Einzug unter Orgelbegleitung

Begrüßung in der Kirche

Unser Anfang geschehe im Namen des Vaters und des Sohnes und des Heiligen Geistes. Amen.

Liebe Hochzeitsgemeinde!

Ich begrüße Sie alle ganz herzlich hier in unserer Christuskirche. Dieser Tag heute soll für Sie alle ein frohes, schönes Fest werden. Wir wollen hier in unserer Kirche miteinander feiern, daß Gott diesen beiden, N.N. und N.N., mit ihrer Tochter für den gemeinsamen Weg seinen Segen schenken will. Dafür wollen wir Gott loben und ihm danken. Wir stimmen zuerst in dieses Lob mit ein und singen das Lied »Lobet den Herren«. Sie finden es in den ausgelegten Gesangbüchern unter der Nr. 234.

Eingangslied: EKG 234,1–5

Biblisches Votum: Matthäus 18,18–20

Jesus Christus spricht: Wahrlich, ich sage euch: Was ihr auf Erden binden werdet, soll auch im Himmel gebunden sein, und was ihr auf Erden lösen werdet, soll auch im Himmel gelöst sein. Wahrlich, ich sage euch auch: Wenn zwei unter euch eins werden auf Erden, worum sie bitten wollen, so soll es ihnen widerfahren von meinem Vater im Himmel. Denn wo zwei oder drei versammelt sind in meinem Namen, da bin ich mitten unter ihnen.

Eingangsgebet

Herr, unser Gott und Vater! Du denkst an uns und willst uns segnen. Darum kommen wir heute zu dir und bitten dich: Gib dein Ja hinzu zu dem Ja, das N.N. und N.N. zueinander vor der Öffentlichkeit gesagt haben und vor dir sagen werden. Du hast diese beiden Menschen und die Tochter durch Glück und Erfüllung und auch durch Leid, Trauer und Schuld geführt in ihrem bisherigen Leben. Schenke ihnen nun das Vertrauen und den mutigen Glauben zu dem Geheimnis, daß du es warst und bist, der sie zusammengeführt hat. Laß sie darin leben, daß ihre Ehe und Familie dein guter Wille für sie sind. Laß Kraft und Liebe, Geduld und Geborgenheit, Sicherheit und Hoffnung, Freude und Erfüllung wachsen bei ihnen. Laß sie miteinander glücklich werden, ihre Ehe in deinem Namen beginnen, führen und einmal vollenden. Laß uns zu all dem auch in der Stille dankbar derer gedenken, die das Leben der Brautleute geprägt haben und nun nicht mehr unter uns sind, insbesondere der beiden Väter. (Stille) Herr, in deine Hände sei Anfang und Ende, sei alles gelegt. Amen.

Beichte

Liebes Brautpaar!

Nicht alle unsere Wege führen zum Ziel; nicht alle unsere Vorhaben gelingen. Manches im Leben ist zum Scheitern verurteilt, oft aus eigener Schuld und Unvollkommenheit, aber auch aus Umständen, die unserem Zugriff entzogen sind. Auch Sie haben solche Erfahrungen in Ihrem Leben machen müssen. Sie kennen die Schmerzen und Verwundungen, wenn Beziehungen zerbrechen, wenn eine Ehe zerbricht. Und Sie sind doch zugleich daran gewachsen. So lassen Sie sich nun befreien von den noch drückenden Lasten des Vergangenen, damit Sie aufatmen können und frei und gelöst und voll Zuversicht die Wege betreten können, die vor Ihnen liegen. Öffnen Sie Gott Ihr Herz in der Stille! (Stille) Herr, gib unserem Vertrauen Deine Antwort. Amen.

Liebes Brautpaar!

Ich will für Sie dem Auftrag und der Zusage folgen, die Christus seinen Jüngern gegeben hat, und denen sich unsere Kirche unterstellt: Alles, was ihr auf Erden lösen werdet, soll auch im Himmel gelöst sein.

So frage ich Sie vor Gott und seiner Gemeinde:

Bekennen und bereuen Sie, soweit es an Ihnen liegt, wo Sie schuldig geworden sind an Menschen und an Gott. Wollen Sie den Zuspruch der Vergebung in seinem Namen, und glauben Sie auch, daß die Vergebung, die ich Ihnen zuspreche, wirklich Gottes Vergebung ist, so antworten Sie mit Ihrem Ja.
(Antwort des Brautpaares)
Wie Sie glauben, so geschehe Ihnen. In der Kraft des Auftrags, den der gekreuzigte und auferstandene Christus seinen Jüngern gegeben hat, spreche ich Sie frei von aller Sünde und Schuld. Ihnen ist vergeben im Namen (†) des Vaters und des Sohnes und des Heiligen Geistes. Amen.

Lied: Von Gott kommt diese Kunde
(Liederheft für die Gemeinde, München 1982[1], Nr. 708,1–4; Text: Peter Spangenberg, Melodie: Johannes Crüger 1647 (EKG 86). Textrechte: Gütersloher Verlagshaus, Gütersloh)

Ansprache
Liebe Hochzeitsgemeinde! Liebes Brautpaar N.N. und N.N., liebe N.N.!
Ein wenig von dem, was ich Ihnen dreien heute mitteilen möchte, finde ich verschlüsselt in einem alten indischen Märchen:
»Ein hoher Beamter fiel bei seinem König in Ungnade. Der König ließ ihn im obersten Stockwerk eines Turmes gefangensetzen. In einer schönen Nacht bei Vollmond stand der Gefangene oben auf der Zinne des Turmes und schaute nach unten. Dort sah er seine Frau stehen. Sie machte ein Zeichen und berührte die Mauer des Turmes. Gespannt schaute der Mann nach unten, um zu sehen, was seine Frau dort tat. Aber er konnte nicht dahinterkommen, und so wartete er geduldig, was wohl geschehen würde. Die Frau am Fuße des Turmes hatte ein Insekt gefangen, das gerne Honig aß. Sie bestrich die Fühlhörner des Käfers mit Honig. Dann befestigte sie das Ende eines Seidenfadens am Körper des Käfers und setzte das Tierchen mit dem Kopf nach oben auf die Turmmauer, genau an der Stelle, über der sie ganz oben ihren Mann stehen sah. Der Käfer kroch langsam dem Duft des Honigs nach, immer höher hinauf, bis er schließlich bei dem Gefangenen ankam. Der Gefangene paßte gut auf, schaute konzentriert in die Nacht hinein und sah nach unten. Dann sah er das kleine Tier über die Brüstung klettern. Er nahm es behutsam in die Hand, machte den Seidenfaden los, befreite das Insekt und zog den Seidenfaden langsam und vorsichtig zu sich. Der Faden wurde aber immer schwerer. Es sah so aus, als ob etwas daran hing. Und als der Mann den Seidenfaden ganz bei sich hatte, sah er, daß am Ende des turmlangen Fadens ein Garnfaden befestigt war. Der Mann zog auch diesen Faden nach oben. Der Faden wurde immer schwerer, und siehe, an seinem Ende sah er einen Bindfaden befestigt. Langsam und vorsichtig zog der Mann diesen Bindfaden zu sich. Auch dieser wurde

schwerer und schwerer, und an seinem Ende bekam der Mann ein starkes Seil in die Hand. Der Mann zog das Seil zu sich, dessen Gewicht ebenfalls immer schwerer und schwerer wurde. Als er das Ende in der Hand hatte, sah er, daß daran wieder ein starkes Tau geknüpft war. Dieses starke Tau machte der Mann an den Zinnen des Turmes fest. Was weiter geschah, ist einfach und selbstverständlich. Der Mann ließ sich an dem Tau nach unten und war frei.

(Aus Indien. Quelle unbekannt, mitgeteilt von Pfarrer Reiner Weiß, abgedruckt in ZGP 2/84, S. 1)

Soweit das Märchen. Ich meine, es ist Wirklichkeit geworden für Sie; und es wird weiter Wirklichkeit werden; denn der Weg vom Seidenfaden zum starken Tau ist kein einmaliges Ereignis, und der Abstieg durch die Nacht in die Freiheit ist ein immer wiederkehrendes Erlebnis. Und Bilder und Erlebnisse Ihrer Seele können sich sicher einhaken in den Bildern dieses Märchens.

Da ist zuerst das Bild des auf dem Turm Gefangenen. Wo man – jenseits freilich vergangener Autoritätsstrukturen – »in Ungnade gefallen« ist, wo frühere menschliche Begegnungen keine Gnade mehr kannten, wo ein Schicksal gnadenlos zu Ende spielte, da bleibt wohl der Blick nach oben in die Sterne von der Zinne des Turmes. Aber kein Weg scheint jemals wieder zu dem festen Boden unter den Füßen hinunterzuführen.

Bis da unten einer dem suchenden Blick begegnet und ihm standhält, sich von der Phantasie der Liebe ergreifen läßt und alle Hoffnungen an einen Seidenfaden knüpft. Geduld und Vertrauen, Bangen und Hoffen, Ruhe und Unruhe in einem, und die Kraft, die aus dem starken Tau in die zupackenden Hände strömt – der Weg durch die Nacht zwischen Himmel und Erde, der Weg zueinander – und die Freiheit, die Freiheit, die mit der Bindung wuchs.

Liebes Brautpaar!

Ich habe einen Schritt gewagt aus einem fremden Märchen aus fremder Zeit und Kultur hinein in Ihr Leben. Ich möchte gerne noch einen Schritt dazutun, einen Seidenfaden, ein Garn, ein Seil oder ein starkes Tau, so wie Sie es empfinden können, hinüberknüpfen an das Jenseits unserer Wirklichkeit. Ich will es hinüberknüpfen zu Gott, von dem auch Sie sich durch die Feier dieses Gottesdienstes für Ihr Leben Halt und Freiheit, Gnade und Kraft erhoffen.

Sie haben dazu ein Wort Jesu aus dem Matthäusevangelium entdeckt, das die Christen und auch ich selber bisher nur immer auf den Jüngerauftrag zur Sündenvergebung bezogen haben. In der Verbindung aber mit Ihrer Trauung und mit dem alten indischen Märchen gewinnt es plötzlich eine ganz neue und andere Leuchtkraft. Da steht, daß Jesus gesagt hat: »Was ihr auf Erden binden werdet, soll auch im Himmel gebunden sein.« – Was ihr auf Erden binden werdet, vom seidenen Faden der Liebe und Hoffnung bis hin zum starken Tau der Ehe, das soll auch im Himmel gebunden sein.

Und: »Was ihr auf Erden lösen werdet, soll auch im Himmel gelöst sein.« – Was ihr auf Erden lösen werdet, von wie auch immer gescheiterten Bindungen bis hin zu den kleinen und großen Problemen des Alltags, das soll auch im Himmel gelöst sein.

Und dann spricht Jesus diese maßlos klingende Behauptung aus, die aber dennoch vergleichbar erscheint dem Bestreichen der Fühlhörner des Käfers mit Honig: »Wahrlich, ich sage euch auch: Wenn zwei unter euch eins werden auf Erden, worum sie bitten wollen, so soll es ihnen widerfahren von meinem Vater im Himmel.« Das ist die Mitte des Wortes, das Sie entdeckt haben, und in dem Ihre ganze Sehnsucht für das neue gemeinsame Leben zu zweit und zu dritt enthalten ist: Wenn zwei unter euch eins werden auf Erden – Sie sind es geworden voreinander, Sie wurden und werden es ganz offiziell und öffentlich gestern und heute, und Sie wollen es weiter werden und bleiben und dafür heute um den Segen Gottes bitten. Wo zwei unter euch eins werden auf Erden – und doch jeder dabei er selber bleibt und wohl erst recht wird – worum sie bitten wollen – all Ihre ausgesprochenen und unausgesprochenen Bitten, Fragen, Wünsche und Hoffnungen – so soll es ihnen widerfahren von meinem Vater im Himmel, sagt Jesus. Nicht, daß dies nun gleichsam einem Automaten vergleichbar wäre: Bitte hinein – Erfüllung heraus. Nein – wie gut, daß unsere Sprache noch uralte Wörter kennt – es soll euch »wider-fahren«. Widerfahrnisse freilich brauchen einen offenen, vertrauenden, wartenden Geist, einen, der das Große erwartet und dabei den kleinen Käfer nicht übersieht, der beinahe unscheinbar über die Brüstung der Mauer klettert. Und schließlich, liebes Brautpaar, verbindet Jesus seine Worte ja auch mit einer eigenartigen Zusage: »Denn wo zwei oder drei versammelt sind in meinem Namen, da bin ich mitten unter ihnen.« Sagte ich vorhin, ich möchte gerne ein Band hinüberknüpfen an das Jenseits unsrer Wirklichkeit, zu Gott, so entgegnet Jesus nun diesem Wunsch damit, daß er selbst immer, wo zwei oder drei – und warum nicht gerade Sie drei – in seinem Namen versammelt sind, den Schritt in unser Diesseits tut und mitten unter uns ist.

Und das ist er nun ganz besonders jetzt in dieser Stunde, in diesen Minuten, in denen sich so unendlich viel bündelt an Gedanken und Gefühlen, in denen Vergangenes, Prägendes, Erlebtes, auch Erlittenes sich verbindet mit Zukünftigem, Erwünschtem, Erhofftem, auch Befürchtetem. Da ist er mitten unter uns. Da ist er mitten unter Ihnen dreien, und da ist er auch in all dem mitten unter den vielen Verwandten und Freunden, die heute mit Ihnen feiern.

Ich wünsche Ihnen, daß Ihnen in allen erfüllten und auch unerfüllten Augenblicken Ihrer Ehe und Familie in der Gegenwart Jesu eine lebendige und lebenswerte Sinnerfahrung »wider-fährt«. Gott segne Ihr Leben. Amen.

Lied: Suchet zuerst Gottes Reich
(Liederheft für die Gemeinde, München 1982[1], Nr. 698, 1–3; nach einem englischen geistlichen Lied, Text: Gerhard Hopfer. Rechte: Mundorgel Verlag GmbH, Köln/Waldbröl)

Schriftlesungen
Der Prediger Salomos weiß, wie gut es ist, nicht alleine zu leben:
»So ist's ja besser zu zweien als allein; fällt einer von ihnen, so hilft ihm sein Gefährte auf. Weh dem, der allein ist, wenn er fällt! Dann ist kein anderer da, der ihm aufhilft. Auch wenn zwei beieinander liegen, wärmen sie sich; wie kann ein einzelner warm werden? Einer mag überwältigt werden, aber zwei können widerstehen, und eine dreifache Schnur reißt nicht leicht entzwei.« (Pred. 4,9–12)

Und unser Herr Jesus Christus erzählt davon, wie die Liebe über dem Gesetz steht. Ehescheidung, das hieß zur Zeit Jesu: Ein Mann schickt seine Frau fort. Ich denke, man muß das wissen, um zu verstehen, was Jesus sagen will. Er stellt kein neues Gesetz auf. Er möchte vielmehr das verhärtete Herz aufschließen und die Verantwortung der Ehepartner füreinander stärken. Sie gehören zusammen. Das gründet in Gottes Schöpferwillen.
»Pharisäer traten zu Jesus und fragten ihn, ob ein Mann sich scheiden dürfe von seiner Frau; und sie versuchten ihn damit. Er antwortete aber und sprach zu ihnen: Was hat euch Mose geboten? Sie sprachen: Mose hat zugelassen, einen Scheidebrief zu schreiben und sich zu scheiden. Jesus aber sprach zu ihnen: Um eures Herzens Härte willen hat er euch dieses Gebot geschrieben; aber von Beginn der Schöpfung an hat Gott sie geschaffen als Mann und Frau. Darum wird ein Mann seinen Vater und seine Mutter verlassen und wird an seiner Frau hängen, und die zwei werden ein Fleisch sein. So sind sie nun nicht mehr zwei, sondern ein Fleisch. Was nun Gott zusammengefügt hat, soll der Mensch nicht scheiden.« (Mark 10,2–9)

Traufrage
Mit diesen und mit vielen anderen Worten bezeugt unsere Bibel die Ehe als gute und gesegnete Ordnung Gottes und als die engste dem Willen Gottes entsprechende menschliche Gemeinschaft. Darin sind auch Sie verbunden nach Gottes Willen. Dazu hat Ihnen Gott seinen Segen verheißen.
So frage ich Sie nun vor Gott und vor dieser Gemeinde:
N.N. wollen Sie diese N.N., geborene N.N., die Gott Ihnen anvertraut, als Ihre Ehefrau lieben und ehren und die Ehe mit ihr nach Gottes Gebot und Verheißung führen in guten wie in bösen Tagen, bis der Tod Sie scheidet (solange Sie leben), so antworten Sie: Ja, mit Gottes Hilfe! (Antwort)
N.N., geborene N.N., wollen Sie diesen N.N., den Gott Ihnen anvertraut, als Ihren Ehemann lieben und ehren und die Ehe mit ihm nach Gottes Gebot und Verheißung führen in guten wie in bösen Tagen, bis der Tod Sie

scheidet (solange Sie leben), so antworten Sie: Ja, mit Gottes Hilfe! (Antwort)

Ringwechsel
Der Bund, den Sie mit Ihrem Ja bekräftigt haben, schließt auch das Kind N.N. mit ein. Und so lassen Sie sich nun von ihr die Ringe reichen, die ein Zeichen Ihrer Liebe und Treue seien, und stecken Sie sie einander an die rechte Hand!
Reichen Sie einander die rechte Hand! N.N. und ich legen unsre Rechte zur Bekräftigung auf. Im Namen des Dreieinigen Gottes! Sie sind Mann und Frau! Was Gott zusammengefügt hat, das soll der Mensch nicht scheiden.

Fürbitte und Segen
Und nun knien Sie nieder, damit wir für Sie beten und Ihnen den Segen Gottes zusprechen. Ich bitte Sie alle, mit mir zu beten: Vater unser …
Herr, unser Gott, du hast Mann und Frau füreinander geschaffen. Wir bitten dich für diese beiden Eheleute und das Kind. Bewahre sie in ihrer Ehe und Familie, begleite sie mit deinem Wort und erhalte sie in deiner Liebe. Für all das, was ein jeder unter uns dich ganz persönlich für sie bitten will, beten wir in der Stille: (Stille) Gott, deine Güte ist größer als unser Herz. Laß uns alle erfahren, daß du mehr schenkst, als wir einander wünschen können. Darum bitten wir durch Christus, unsern Herrn. Amen.
Der Segen Gottes des Vaters, des Sohnes und des Heiligen Geistes komme über euch und bleibe bei euch, jetzt und allezeit. Amen.

Lied: Gott, der nach seinem Bilde aus Staub den Menschen macht.
(aus: Gotteslob, Katholisches Gebet- und Gesangbuch, Kath. Bibelanstalt Stuttgart 1975, Nr. 74,1–3. Text: Huub Oosterhuis, Übertragung Nikolaus Greitemann und Peter Pawlowsky 1967, Melodie: EKG 318)

Abendmahl (mit verkürzter Liturgie)
Liebe Hochzeitsgemeinde!
Noch trennen uns als evangelische und katholische Christen manche Wege des Glaubens. Christus aber spricht: Ich bin das A und das O, der Anfang und das Ende, der Erste und der Letzte und der Lebendige. Er selbst verbindet uns untereinander und mit allen Menschen, die ihm vertrauen. Er spricht: Ich bin der Weinstock, ihr seid die Reben. Keine Rebe gleicht der andern, aber alle Reben nehmen ihre Lebenskraft von dem einen Weinstock. Zum Zeichen dafür, daß wir auch in der Unterschiedenheit unsrer Konfessionen nichts anderes sind als Reben an dem einen Weinstock Jesus Christus, wollen wir nun das Mahl des Herren miteinander feiern. Wo vergangene Schuld vergeben ist und uns nicht mehr belastet, wollen wir uns stärken lassen für den Weg neuer Lebensfülle, den Sie drei betreten haben, und auf dem wir alle Sie in Liebe begleiten wollen.

(Präfation aus: Neue Texte für den Gottesdienst, Heft 7, Abendmahl und Beichte, Lutherhaus Verlag Hannover 1980, S. 22)
Ja, es ist recht, dir, unserm Gott, täglich und überall zu danken, heiliger Gott, du Vater des Lebens, wir loben dich im Namen deines Sohnes Jesus Christus. Wir danken dir, weil du uns als Mann und Frau füreinander geschaffen hast. Wir danken dir, weil wir im Vertrauen zu dir in Liebe und Treue verbunden sind. Darum preisen wir dich mit allen, die zu dir gehören und singen mit ihnen das Lob deiner Herrlichkeit. Heilig, heilig, ...

(Anamnese, Einsetzungsworte und Epiklese nach: Forum Abendmahl GTB 346, S. 100ff. und: Forum Abendmahl 2 GTB 382, S. 109f.)
Wir wollen Lebensfülle schöpfen aus seinem Mahl der Liebe. Unser Blick ist auf ihn gerichtet, auf sein Kreuz in unsrer Mitte. Wir sind Gäste des Gekreuzigten, wenn wir hier voll Freude feiern. Damals war es kein Tag voll Freude, als er zum ersten Mal seinen Leib und sein Blut mit den Seinen teilte. Ich will uns alle daran erinnern, wie es dazu kam. Wir wollen dazu einander die Hände reichen:
Es war in der Nacht, in der einer seiner Freunde ihn verriet, in der Nacht, als sie ihn gefangennahmen, in der Nacht, bevor sie ihn verurteilten, geißelten und kreuzigten. In dieser Nacht kam Jesus mit den Seinen zusammen. Das Mahl war bereitet. Da nahm er das Brot und sprach das Dankgebet. Dann brach er es und sprach: Nehmt und eßt! Das ist mein Leib. Er wird für euch gegeben. Dann haben sie gegessen. Nach der Mahlzeit nahm er den Kelch, sprach das Dankgebet und sagte: Nehmt und trinkt alle daraus! Das ist mein Blut, das für euch vergossen wird zur Vergebung der Sünden. Daran erinnert euch, wenn ihr diesen Becher trinkt. Er ist das Zeichen des neuen Bundes, den Gott mit euch geschlossen hat in meinem Tod.
So machte Gott Frieden mit uns. Darum bitten wir ihn auch heute: Vater im Himmel, sende auf uns herab deinen Geist, damit wir leben in seiner Fülle! Amen.
Christus umschließt uns alle in seiner Liebe. Darum kommt nun, schmeckt und seht, wie freundlich der Herr ist!
(Austeilung je nach Situation und räumlichen Gegebenheiten)

Schlußkollekte
Herr, unser Gott, du hast dieses Paar im Bund der Ehe vereint und ihnen und uns das eine Brot und den einen Kelch gereicht: Stärke und entfalte ihre Liebe, zueinander, zu ihrem Kind und zu dir, damit sie immer mehr eins werden und aus tiefer Einheit heraus ihr Leben gestalten nach deinem guten Willen. Darum bitten wir dich durch Jesus Christus, unsern Herrn und Bruder. Amen.
(nach: reihe gottesdienst – heft 14 – Trauung, Lutherisches Verlagshaus Hannover 1983, S. 75)

Schlußsegen
Nun geht hinaus in diesen Tag und feiert ein frohes Fest miteinander unter dem Segen unseres Gottes:
(nach Peter Ganzert, in: unterwegs, Magazin für Reise und Urlaub 1982, Hg. Campingseelsorge im Amt für Gemeindedienst der Evang.-Luth. Kirche in Bayern, Posterrückseite)
Der Herr, der am Anfang aller unserer Wege steht, von dem wir uns entfernen können, der uns aber niemals aufgeben wird, der segne und behüte euch, damit alle eure Wege und Irrwege am Ende doch bei ihm ankommen.
Der Herr, der zugesagt hat, daß er alles neu machen wird, auch das, was unter unseren Händen ungut geworden ist, der lasse sein Angesicht leuchten über euch, wenn es dunkel um euch ist, wenn ihr einmal nicht mehr weiterwißt, wenn ihr Schuld auf euch geladen habt. Er sei euch gnädig!
Der Herr, der zugesagt hat, daß er unter uns wohnen will, daß wir sein Volk sein werden und er unser Gott, der erhebe sein Angesicht auf euch, damit ihr in allen Veränderungen der Zeit nicht mitgerissen werdet wie welkes Herbstlaub vom Sturm, damit ihr bewahrt werdet und euer Leben Bestand hat bei ihm. Er gebe euch seinen Frieden, der Vater, der Sohn und der Heilige Geist. Amen.

Schlußlied: EKG 228,1–3 Nun danket alle Gott

Auszug unter Orgelbegleitung

»Wie zwei große Bäume, wie ein kleiner Baum ...«

Traugottesdienst mit Tauffeier   *Ulrike Schilling*

Begrüßung
Sie sind gekommen, um sich trauen zu lassen und um Ihren Sohn Alexander Sebastian zur Taufe zu bringen. Sie haben diesen Tag schon lange geplant und sich darauf gefreut. Wir sind jetzt hier zusammen, um zu suchen, was uns hilft: Worte, die nicht täuschen, Hoffnung, die nicht verblaßt, Liebe, die glaubhaft ist. Darum fragen wir nach Gott und wollen uns auf sein Wort einlassen.
Sie alle haben Textblätter in der Hand. Lassen Sie uns nach dem ersten Lied den 23. Psalm und am Ende des Gottesdienstes das Gebet gemeinsam sprechen.

Lied: EKG 234,1–3

Psalm 23

Trauansprache
Liebes Brautpaar, liebe Eltern, liebe Angehörige!
Heute ist ein Festtag. Ein Festtag in Ihrem Leben, in Ihrer Familie. Hochzeit ich Hochzeit, hohe Zeit. Sie haben sich entschieden, Ihre Ehe unter Gottes Wort und unter seinen Schutz zu stellen. Auch wenn sich durch diesen Tag in Ihrem Lebensrhythmus nicht viel ändern wird, so kann dieser Festtag doch einen Einschnitt bedeuten in der Ausrichtung Ihres Lebens, Ihrer Ehe und Ihrer Familie. Vielleicht haben Sie länger darüber nachgedacht, vielleicht hat sich manches eher selbstverständlich ergeben, vielleicht gibt es aber auch noch dunkle Stellen oder Unklarheiten, die Sie dabei noch länger beschäftigen werden. Die Ausrichtung des Lebens ist eine andere, wenn man sich als Ehepaar und Familie völlig auf sich allein gestellt sieht und sich sozusagen sein Glück selbst schaffen möchte und muß, als wenn man sich gemeinsam in eine größere Geschichte eingebunden weiß, in die Geschichte Gottes mit den Menschen, in die Geschichte seiner Liebe. Gott setzt seinen Anteil zu unserem Glück, Gott hat seinen Anteil an unserem Glück. Für diese Ausrichtung nach dem Grund unseres Seins, unseres Lebens hin habe ich Ihnen als Trauspruch einen Vers aus dem letzten Kapitel des Hebräerbriefes ausgesucht.
Hebräer 13,20–21 heißt es: »Der Gott des Friedens aber, der mache euch tüchtig in allem Guten, zu tun seinen Willen, und schaffe in uns, was ihm gefällt, durch Jesus Christus, welchem sei Ehre von Ewigkeit zu Ewigkeit.« Dieser Vers ist ein Segenswunsch. Gott möge euch tüchtig machen in allem Guten. Tüchtig verbindet sich für mich mit tatkräftig, fröhlich, engagiert. Tatkraft, Fröhlichkeit, Engagement, darin will Gott Sie bestärken für das, was gut ist, was den Einsatz lohnt, für Ihre Ehe, das, wofür Sie gemeinsam leben, für das, was auch in Ihrer Ehe jeden einzelnen allein betrifft, und für die Bereiche, in die Sie aus Ihrer Ehe heraus einwirken.
Unbewußt, auch bewußt, suchen wir alle nach dem, was gut ist, für uns selbst und durch uns für andere und diese Welt. Bei dieser Suche ist Gott uns zugleich Hilfe und Gegenüber. Er bestärkt uns in unserer Suche und gibt uns zugleich das Ziel vor, seinen Willen. Seinen Willen kennen wir Christen durch die Person Jesu und seinen Lebensweg. Jesus hat die Zeichen und die Wegmarken gesetzt, an denen wir uns orientieren können. Eine Ehe, Ihre Ehe, kann eine Keimzelle sein für das, was gut ist. Wenn Sie mit Gottes Hilfe Ihren Weg in Güte und Fröhlichkeit, mit Tatkraft und Engagement miteinander gehen, dann werden Sie in Ihrer Ehe und mit Ihrer Ehe etwas ausstrahlen. Ihr Sohn wird es spüren und die, die an Ihrem Leben Anteil haben, und die, mit denen Sie zu tun haben.

Als Bild für ein Paar stelle ich mir zwei Bäume vor, die ganz dicht zusammenstehen und nahe beieinander ihre Wurzeln im selben Grund haben. Vielleicht fällt Ihnen ein bestimmtes Baumpaar ein, das Sie kennen. Ich denke an ein Baumpaar, dem man ansieht, daß es zusammengehört, daß es wie miteinander verwachsen scheint, nicht an zwei einzeln nebeneinander stehende Bäume. Wenn man einen der beiden fällen würde, risse man ein sichtbares Loch in die Baumkrone.

Verschiedenes zeigt dieses Baumpaar für eine Ehe. Miteinander gewinnen die beiden Bäume ihre Gestalt. Miteinander wirken sie stark, ihre gemeinsame Krone weit ausladend. Miteinander wachsen sie, verwachsen sie, dem Licht entgegen, dem Himmel entgegen, der ihnen Kraft und Leben gibt. Dadurch, daß sie so dicht beieinanderstehen, können sich manche Zweige nicht so entfalten und ausstrecken, als wären sie allein. Dafür stellen sie die Verbindung her, das Gemeinsame. Jeder der beiden hat aber auch noch eine »freie« Seite, auf der sich die Zweige frei entfalten können. Gemeinsam miteinander und aneinander zu wachsen, das möge Ihnen in Ihrer Ehe gelingen. Da gibt es in jedem von Ihnen die Seite, die allein dem Ehepartner, der Ehepartnerin gehört, und in der Sie sich gegenseitig prägen und formen. Und da gibt es die Seite, die Anteile, die selbständig bleiben und sich auf eigene Weise entfalten. Wenn diese beiden Seiten, diese beiden Anteile, das Gemeinsame und das jedem von Ihnen Individuelle, in jedem von Ihnen in Ihrer Ehe Raum finden und Raum behalten, dann werden Sie einander und anderen viel geben können von dem, was gut ist. Wenn Sie Ihre Wurzeln in der Liebe Gottes wissen und sich danach ausstrecken, was sein Wille für uns ist, dann werden Sie standfest sein. Und es können und werden Situationen kommen, die Standfestigkeit brauchen, in denen die Standfestigkeit Ihrer Ehe auf die Probe gestellt werden wird.

Der Gott des Friedens, so wird er in diesem Bibelwort bezeichnet. Seinen Frieden möge er Ihnen geben für Ihre Ehe und Ihre Familie, gerade auch dann, wenn er Ihnen einmal verloren zu gehen scheint.

»Der Gott des Friedens aber, der mache euch tüchtig in allem Guten, zu tun seinen Willen, und schaffe in uns, was ihm gefällt, durch Jesus Christus, welchem sei Ehre von Ewigkeit zu Ewigkeit.« Amen.

Lied: EKG 234,4.5

Schriftlesungen: 1. Mose 1.2, Johannes 15,96–17

Traufragen, Ringwechsel

Gebet

Trausegen

Lied: EKG 231,1–7

Taufansprache

Nach der Trauung soll nun Ihr Sohn und Patenkind, Ihr Enkel und Neffe Alexander Sebastian getauft werden.

»Fürchte dich nicht, ich bin mit dir, weiche nicht, denn ich bin dein Gott. Ich stärke dich, ich helfe dir auch, ich halte dich durch die rechte Hand meiner Gerechtigkeit.«

Dieses Wort, Jesaja 41,10, soll über der Taufe Ihres Sohnes stehen. Es ist Gottes Erklärung an dieses Kind in der Taufe. Als Ihr Sohn ist es zugleich Gottes Kind und gehört von nun an zur christlichen Gemeinde. Vieles werden Sie als Eltern, Großeltern und Paten ihm mit auf den Weg geben. Wenn Gott es will, so wird er wie ein kleiner Baum in Ihrem Schatten, unter Ihrem Schutz behütet wachsen. Er wird größer werden, stärker, kräftiger, das haben Sie in diesen ersten beiden Monaten schon gemerkt, und allmählich auch selbständiger. Und irgendwann braucht er mehr Licht, mehr Raum, sich zu entfalten, und wird aus Ihrem Schatten treten wollen und erwachsen werden.

Manche Weichen werden Sie ihm stellen durch die Art, wie Sie leben und es vor ihm begründen. Wenn er durch Sie erfährt, daß dieses Jesajawort gilt und ihm gilt, dann wird er einen Grund finden, auf dem er selbst Wurzeln schlagen kann. Zunächst werden Sie ihn trösten, wenn er nachts schlecht träumt und Angst hat. Sie werden ihn an die Hand nehmen, auf der Straße, damit ihm nichts zustößt. Sie werden ihm helfen und ihm Rede und Antwort stehen, wenn er anfängt, seine Fragen zu stellen. Wenn Sie ihm die biblischen Geschichten erzählen oder vorlesen und mit ihm beten, dann wird er durch Sie in den christlichen Glauben hineinwachsen können.

»Fürchte dich nicht, ich bin mit dir, weiche nicht, denn ich bin dein Gott. Ich stärke dich, ich helfe dir auch, ich halte dich durch die rechte Hand meiner Gerechtigkeit.«

Wir wissen nicht, welche Zukunft Ihren Sohn einmal erwartet. Wir wünschen, daß es eine friedliche Zukunft sein wird. Daß er die Welt als Gottes Schöpfung und seine Natur erleben kann, nicht als eine von Menschen verschandelte und zerstörte. Auch dafür stellen wir die Weichen und geben manche Ziele vor. Gottes Wille, der Weg Jesu sind unser Gegenüber. Daran können wir messen und erkennen, was gut ist, für uns, unsere Kinder, unsere Welt. Amen.

Lied: EKG 151,1–3

Schriftlesungen: Matthäus 28,16–20, Markus 10,13–16

Tauffrage

Glaubensbekenntnis

Taufe

Anrede an die Gemeinde. Segen an Eltern, und Paten.

Gebet: O Herr, mache mich zum Werkzeug deines Friedens, Vaterunser

Lied: EKG 228,1–3

Segen

Predigten

Erzählgemeinschaft Familie

Text: 1. Mose 2,7+18–25
Die Trauung war mit der Taufe
des ersten Kindes des Paares verbunden *Bernhard von Issendorff*

Aus der Paradieserzählung, die zu Beginn des ersten Jahrtausends in Israel nicht unbeeindruckt von mesopotamischen Vorbildern entstand, lese ich Ihnen Verse vor, die sich mit der Partnerschaft der Geschlechter befassen:
Gott, der Herr, machte den Menschen aus Erde vom Acker und blies ihm den Odem des Lebens in seine Nase. Und so ward der Mensch ein lebendiges Wesen. Und Gott der Herr sprach: »Es ist nicht gut, daß der Mensch allein sei. Ich will ihm eine Hilfe als sein Gegenüber schaffen.« Da ließ Gott der Herr einen tiefen Schlaf fallen auf den Menschen, und er schlief ein. Er nahm eine seiner Rippen und schloß die Stelle mit Fleisch. Und Gott der Herr baute eine Frau aus der Rippe und brachte sie zum Menschen. Da sprach der Mensch: »Das ist doch Bein von meinem Bein und Fleisch von meinem Fleisch, man wird sie Männin nennen, denn sie ist vom Mann genommen.« Darum wird ein Mann seinen Vater und seine Mutter verlassen und seinem Weibe anhangen, und sie werden sein ein Fleisch.
Eine grundsätzliche Bemerkung zum Anfang: In unserer heutigen Arbeitswelt werden Lebenserfahrungen nicht durch Erzählungen weitergegeben, sondern durch Zahlen, sie stellen die Entscheidungshilfen dar. Unsere Computer können zählen, aber sie können nicht erzählen. Menschlicher wird unsere Gesellschaft dadurch nicht.
Das Übergewicht, das in unserer heutigen Mediengesellschaft das Bild gegenüber dem Wort hat, ersetzt die Vorstellung, die durch die Erzählung entsteht, durch ein Bild, das einbildet, also manipuliert, statt Nachdenken freizusetzen.
Ich sage dies, weil eine Familie darin ihre Qualität gewinnt, daß sie zur Erzählgemeinschaft wird. Dann hat jeder den Anderen etwas zu sagen nicht im Sinne der Machtentfaltung, sondern der Mitteilung von Erlebtem.
Die Welt des alten Orients legt uns keine Bevölkerungsstatistik vor, sondern sie erzählt von einzelnen Menschen, sehr wohl wissend, daß jeder Mensch für sich ein ganzes Universum ist. Adam ist nicht Eigenname, sondern meint alle Menschen. Eva, die hier noch nicht benannt wird, heißt Mutter – und meint alle Mütter, die Mütter aller Zeiten. Doch die Namensgebung wird uns später noch einmal beschäftigen. Der Orient erzählt ganz naiv von Gott, der werkelt wie ein Handwerker. Wie kann man sich Gott so einfach menschlich vorstellen? Wir übersehen dabei, daß unsere fromme Zurückhaltung genauso gottlos sein kann, daß jene naive Erzähl-

weise wenigstens die menschlichen Aspekte unseres Gottes erfassen kann, während wir in die Sprachlosigkeit versinken.

Was ist der Mensch anderes als Staub? Eine recht wertlose Substanz. Gern höre ich, daß der Mensch doch so wunderbar in seiner Individualität sei: keiner gleiche dem andern. Doch solches kann man auch von den Schneeflocken sagen. Doch zu diesem vergänglichen wertlosen Material, aus dem der Mensch ist, kommt etwas anderes so höchst wunderbares, daß der Mensch ihm göttlichen Ursprung zugesprochen hat: das Leben, der Atem Gottes. Verläßt der den Menschen wieder, dann wird der Mensch zur leblosen Materie wieder, zum Staub der Erde.

Das entspricht nicht unserer Gesellschaft, die aus der antiken Forderung nach einem gesunden Geist in einem gesunden Körper gemacht hat, daß es geistvoll sei, einen gesunden Körper zu haben, die lieber Sprachfehler und Sprechverweigerung im Jugendalter in Kauf nimmt als ein verbogenes Gebiß. Ich sage dies, auch wenn es natürlich jene, die daran materiell und in der Achtung der Menschen verdienen, stören mag.

Ich spreche nicht für die alte Zerteilung der Menschen, in Leib und Geist, in Körper und Seele. Ich bin glücklich, daß wir wieder den Menschen als Ganzheit, wie ihn die Bibel immer gesehen hat, entdecken, aber ich wende mich gegen seelenlose Schönheit und Kraft, gegen geistlose Seeligkeit, gegen körperlose Seelchen.

Indem der Orient erzählte: Dies, was das Leben ausmacht, haben wir von Gott; dann erzählte er zugleich und mahnte: Ihr habt über euer Leben auch Rechenschaft zu geben, was habt ihr daraus gemacht, seid ihr dem gerecht geworden, daß dies Leben ein göttliches Geschenk ist, und dies gilt natürlich nicht nur für euer Leben, sondern auch für das Leben des Nächsten und des Fremden, für das eigene Kind und für das fremde Kind. »Der Mensch kann nicht gut allein sein«, sagt Gott. Und er spricht eine Grunderfahrung der Menschen aus, gemacht in den Wüsten, wo jeder in einer lebensfeindlichen Umwelt die Verantwortung und die Gastfreundschaft des anderen Menschen braucht, wo die nächste Generation nur leben kann, wenn die vorangegangene ihr das Leben läßt.

Es ist sicherlich nicht gut, daß wir meinen, solche Grunderkenntnisse vergessen zu können, meinen sie überspielen zu dürfen. Es ist der Mensch auf Ergänzung hin angelegt. Hilfe in der Einsamkeit ist ihm das Gegenüber. Die Selbstgenügsamkeit und das Verliebtsein in sich selber sind die neurotischen Krankheiten unserer Zeit. Narziß verliebt in das Spiegelbild seiner selbst – sei es im Spiegel, sei es im Echo der Meinungen, deshalb abhängig von den Meinungen ist wie ein Politiker, der die Meinungsumfrage braucht wie der Junkie die Droge. Können Sie sich einen Bismarck mit Infasumfrage vorstellen? Dann wissen Sie vielleicht auch, warum es solche politischen, gesellschaftlichen Gestalten nicht mehr gibt, und das sage ich als Welfe ohne besondere Sympathie zur tatsächlichen Bismarckschen Politik.

Der in sein eigenes Spiegelbild Verliebte wird hilflos, weil er kein echtes Gegenüber hat. Gegenüber aber heißt: ein anderes Leben mit seinem eigenen Recht und eigener Kraft, mit eigenen Meinungen.

Und so erzählt uns die alte Geschichte, wie Gott versucht, dem Menschen ein ebenbürtiges Gegenüber zu schaffen: dies aber gelingt ihm erst, als er vom Menschen selbst nimmt. Das Gegenüber des Menschen ist, muß ein Mensch sein, muß gleichen Rang und gleichen Wert haben, muß Bein von meinem Bein sein. Für alles, was dem Menschen zur Verfügung steht, hat der Mensch einen Namen. Er gibt dem, was ihm gehört, einen Namen und zeigt damit seine Macht an. Eine Verantwortung, die auch die Eltern bei der Namensgebung ihrer Kinder empfinden.

Hier aber zeigt der Erzähler, daß der Mensch seinem Gegenüber keinen eigenen Namen geben kann, er kann ihn nur teilhaben lassen an seinem eigenen Namen: Isch, so heißt hebräisch der Mann, ischa das ist die Frau, da aber die Vokale im Hebräischen wohl gesprochen nicht aber geschrieben werden, steht auf dem Papier nichts anderes bei Frau und Mann. Die Bibel verkündet nicht die Unterordnung der Frau unter den Mann, wie man aus dieser Stelle so gern hat lesen wollen, sondern diese Stelle ist ein sehr früher und starker Beleg dafür, daß die Bibel die Gleichwertigkeit von Mann und Frau will, weil sie die Partnerschaft der beiden sich ergänzenden Geschlechter will.

Darum wird ein Mann seinen Vater und seine Mutter verlassen – dieser Satz widerspricht aller orientalischen Rechtsauffassung, denn tatsächlich verläßt die Frau ihre Sippe und wird zu einem Mitglied der Sippe des Mannes, doch diese alte Weisheit muß bereits so heilig gewesen sein, daß man sie nicht mehr änderte: denn tatsächlich ganz unabhängig von aller Rechtssetzung und allen gesellschaftlichen Brauchtümern: Wenn der Mensch sich nicht von seinen bisherigen Bindungen löst, daß er neue eingehen kann, dann scheitert die Ehe, kann aber in der Freiheit der Bindungen die Ehe gelingen, dann können die Traditionen zweier Familien zusammenkommen und eine neue Erzählgemeinschaft bilden.

Dabei ist nicht die Bindung, sondern die Freiheit das Ziel. Die Frau befreit den Mann, wie auch umgekehrt. Es ist eine Befreiung aus den Grenzen des doch nie ganz, immer nur spiegelverkehrt und verzerrt erkannten Ich. Der Mensch muß sich nicht sagen, was er sich nicht sagen kann, nämlich was er wert ist. Wer dies zu lange sich selbst sagen muß, scheitert daran. Diese lebensentscheidende Frage nimmt ihm der Partner ab, der kann ihm sagen, was er wert ist. Das ist die Aufgabe, die Sie sich nun ein Leben lang miteinander vorgenommen haben.

Aufbruch in unbekanntes Land

Text: 1. Mose 12,1–3 *Dieter Schoeneich*

Liebe Renate und lieber Tobias!
Es ist schon eigenartig für mich, Euch zu trauen, und meine Freude darüber ist gewissermaßen mehrbödig.
Ich finde es wunderbar, daß Ihr, nachdem Ihr Euch nun mehr als 8 Jahre kennt und liebt, beschlossen habt, beieinander zu bleiben und das auch durch Eure Hochzeit auszudrücken. Und daß ich daran nicht nur als Vater und Schwiegervater teilnehmen kann, sondern das Privileg habe, amtszuhandeln, das macht mich stolz und auch ein bißchen befangen. Ihr habt ja lange darüber nachgedacht, ob ihr einen solchen Tag feiern wollt. Nicht, weil Ihr Euch selber nicht recht »getraut« hättet, sondern weil Ihr um Echtheit und Aufrichtigkeit bemüht seid. Ihr möchtet keine Zugeständnisse machen an Erwartungen und Forderungen und Konventionen. Ihr möchtet Eure Entscheidungen von eigenen Überzeugungen gefüllt und bejaht haben, so, wie Du, Renate, auch dem Text Deiner Trauung kritisch nachgegangen bist. Ich erinnere mich, wie Du, Tobias, dann Euren Entschluß in dieser Sache mit zwei Kurzsätzen begründetest: Der Liebe wegen, und der Symbole wegen, sagtest Du. Das fand ich ganz toll! Auf die Sprache der Symbole wolltet Ihr nicht verzichten. Sie ist ja auch so wichtig, weil sie uns das Geheimnis der Dinge, das Verborgene in Bilder übersetzt, oder umgekehrt: weil sie uns mit Bildern auf eine Wirklichkeit aufmerksam macht, die unter der Oberfläche lebt, im Wesen der Dinge, und für die unsere Worte unzugänglich und gleichnishaft bleiben. »Man sieht nur mit dem Herzen gut, das Wesentliche ist für die Augen unsichtbar«, sagt der kleine Prinz. Unsere Augen sehen die Kerzen auf dem Altar, die leuchten und allmählich verbrennen. Unser Herz versteht: So ist die Liebe: Sie leuchtet nur, wenn sie sich hingibt, nicht, wenn sie sich aufspart.
Wir könnten sie nun alle durchgehen, die Symbole, die Bilder und Handlungen, und würden lauter Hinweise finden auf unser Leben und auch unser Leben zu Zweit. Aber laßt uns eins auswählen: Was ist das Symbol einer Trauung? Es ist der Aufbruch! Immer wieder hat mich die Schlüsselgeschichte nicht nur der Bibel, sondern des Lebens überhaupt fasziniert, die im 1. Mosebuch von Abraham erzählt: Eines Tages, schon alt geworden, hört er Gottes Stimme: Brich auf, zieh aus aus deinem Vaterland und aus deiner Freundschaft und aus deines Vaters Haus in ein Land, das ich dir zeigen will! Es ist nicht schwer, in dieser Geschichte ein Gleichnis auch für den Beginn einer Ehe zu sehen. Auch sie ist unbekanntes Land. Auch sie lockt uns, zumal wenn wir verliebt sind, mit lauter Wundern: Das Land der gemeinsamen Zukunft zu entdecken, es zu erforschen, sein Glück zu »er-

fahren« und sich auch Anstrengungen von diesem neuen Land abfordern zu lassen und Mühe, weil man weiß, daß es sich lohnt, und weil man sie teilen kann, die Aufgabe, die Verantwortung und die Zeit – all das ist, denke ich, der fundamentalste Aufbruch eines Lebens. Und nicht nur die Zeit ist ein weißer Fleck auf der Landkarte unseres Lebens, sondern der andere Mensch selbst ist unbekanntes Land. Aber es ist nicht zu leugnen: Nicht nur faszinierend ist dieser Aufbruch, sondern auch, wenn man sich nichts vormacht, brisant. Menschen können sich gerade in einer Ehe quälen und verletzen. Und es ist darum durchaus realistisch, wenn neben der Freude auf das unbekannte Land auch die Stimme der Sorge wahrgenommen wird: Wird sich erfüllen, was wir erhoffen? Wäre das allein von uns abhängig, von unserem guten Willen, von unseren Kräften, dann wäre der Aufbruch zumindest ambivalent. Aber ich finde, das Tröstlichste an der Geschichte von Abraham – die uns hier erzählt wird, weil sie auch unsere Geschichte sein will –, daß Gott verspricht, ihm selbst das Land zu zeigen, das er noch nicht kennt.

Die unbekannte Zukunft ist das Land, das er uns zeigt! In diesem Land läßt er uns nicht allein. Immer wenn er Euch daran erinnert, daß der Andere, der Weggefährte Eures Lebens, auch sein Kind ist, Dir anvertraut nicht als Geschenk, nicht als Dein Eigentum, sondern als Leihgabe gewissermaßen, wenn Gott so mit im Spiel ist und ihr Euern Lebensgefährten immer neu aus seiner Hand empfangt in Verwunderung und Dankbarkeit und Verantwortung, dann ist das Segen. Das ist das Reisegeschenk, das Abraham von Gott mitbekommt und das Ihr Euch für Eure Reise als Trauspruch ausgesucht habt: Ich will dich segnen, und du sollst ein Segen sein! Ein bißchen altmodisch klingt für uns vielleicht dieses Wort. Was ist das: Segen? Glück? Gewiß, aber nicht nur im Sinn von heiterem Wohlergehen, sondern im Sinn von Übereinstimmung. Wenn ein Mensch mit sich übereinstimmt, identisch wird mit sich, das ist das Glück, das in dem Wort Segen enthalten ist. Segen ist Fülle, Reichtum. Reichtum nicht im materiellen Sinn, obwohl auch das in der Bibel zum Segen gehört, daß ein Mensch hat, was er braucht. Aber es ist mehr gemeint: Reichtum an Güte, an Verständnis, an Weisheit. Wachsen und Erwachsenwerden, reifen und mündig sein, das ist es, was Gottes Segen aus Menschen machen will. Die Geste des Segnens sagt uns etwas darüber, was Segen ist. Sie drückt Schutz aus, behüten, bewahren. Sie ist Kontakt, Zärtlichkeit, sie ist eine Geste des Streichelns. Darum ist Segen Nähe! Wo Gott seinen Segen zusagt und verschenkt, sagt er seine Nähe zu. Können wir uns darunter etwas vorstellen? Wo Gott nah ist, was passiert da? Ich denke: Wo Gott mir nahe ist, da nehme ich mein Leben als sein Geschenk wahr. Da nehme ich auch das Leben meines Partners als ein Geschenk wahr. Wo Gott nah ist, da handeln zwei nicht in Willkür aneinander. Wie es ist, wenn Gott nah ist, drückt der 139. Psalm aus, den Du so liebst, Renate: »Ich gehe oder liege, so bist du um mich und hältst deine Hand über mir ... Nähme ich Flügel der Morgenröte und bliebe am äußersten Meer, so würde auch dort deine Hand mich führen und deine Rechte mich halten.« Wo Gott nah ist, da hängt seine Gegenwart auch nicht von mir ab, von meiner Anstrengung, von meiner Frömmigkeit, von meiner Glaubenskraft, sondern da kann ich damit rechnen, daß er mich festhält und mich führt, auch wenn ich nicht damit rechne.

Gottes Segen, Gottes Nähe macht uns also überhaupt zu Menschen, die die Welt als seine Welt wahrnehmen, die Schöpfung als seine erkennen. Die Bibel erzählt, daß Menschen und Tiere und Land aufblühen, wenn sie so von der Nähe Gottes gesegnet selber Segen verbreiten.

Und das ist ja der zweite Halbsatz, vom ersten nicht zu trennen: und du sollst ein Segen sein! Segen kann man nicht für sich behalten. Man kann ihn nicht horten. Man muß ihn weitergeben, muß ihn teilen. Ihr sollt ein Segen sein! Ich kann mir kaum einen schöneren Trauspruch vorstellen. Sagt er nicht, daß der Segen, der jedem von Euch versprochen ist, auf den anderen übergehen soll, ihn einladen soll, wie in ein Haus? Und drückt er nicht auch aus, daß jeder, der Euch begegnet, daß auch andere Menschen angesteckt werden sollen von dem Reichtum, von dem Segen, der Euch geschenkt wird? Menschen, die zu Euch kommen, sei es als Freunde, sei es als Ratsuchende – sie alle sollen etwas an Euch von dem Gott erkennen können, der Euch seinen Segen versprochen hat. Das Wort Segen kommt vom lateinischen signum: Zeichen. Das Zeichen schlagen! Gemeint ist das Kreuz. Das ist das christliche Zeichen des Segens, das daran erinnert, daß wir mit Jesus auf dem Weg sind, und daß, was er uns sagt, und wie er uns zu leben lehrt, Gottes größter Segen auf unserem Weg ist. Durch viele Generationen hindurch haben Eltern ihren Kindern die Hände aufgelegt, wenn sie in die Fremde zogen. Auch diesen elterlichen Segen bekommt Ihr heute mit. Ich finde ihn wichtig, er enthält Schalom, Liebe, Frieden. Zärtlich ist auch Gottes Segen. Er schenkt uns Wärme und Zuwendung. Er umgibt und umhüllt Euch auf Euerm Wanderweg, und er zeigt Euch das neue Land. Amen.

Ein Lachen, und die Mauer fällt

Text: Psalm 18,30   *Hans-Joachim Albrecht*

Liebe A., lieber B., manche reden gern vom sicheren Hafen der Ehe, in den Ihr jetzt hineinsteuert. Wenn ich Euch so ansehe, möchte ich lieber von der Ehe als einem Abenteuer sprechen, in das Ihr Euch heute hineinwagt. Ein Abenteuer ist etwas gefährliches, voller Überraschungen und Aufregungen. Da wird es darauf ankommen, eine feste Grundlage zu haben, auf der Ihr das, was da kommen mag an abenteuerlichen neuen Erfahrungen, besteht.

Zu dieser Grundlage soll unser Gottesdienst beitragen.

Mit Eurer Heirat sagt Ihr »Ja« zueinander. Einer sagt dem anderen:
– ich will Dein Mann, Deine Frau werden, mein Leben mit Deinem Leben verbinden, will mich Dir öffnen und zu Dir halten, ganz gleich, was geschieht, in guten und in bösen Tagen.

Mit Eurer Heirat sagt Ihr »Ja« zueinander. Einer sagt dem anderen:
– ich liebe Dich, denn Du bist schön. Und ich verspreche Dir: ich will Dich auch lieben, wenn Dein Gesicht voller Falten und Dein Gang mühsam geworden ist;
– ich liebe Dich, denn Du bist jung wie ich. Aber ich will Dich auch lieben, wenn Du alt und müde geworden ist;
– ich liebe Dich, denn es ist lustig mit Dir und Du bringst mich oft zum Lachen. Aber verlaß Dich darauf: ich will Dich auch lieben, wenn Du weinst und verzweifelt bist;
– ich liebe Dich, denn Du bist stark und ich fühle mich bei Dir geborgen. Aber ich will Dich auch lieben, wenn Du schwach bist und keine Kraft mehr hast.

Du kannst Dich darauf verlassen – und ich will Dir ebenso vertrauen!

Ob das gelingt, liegt nicht nur in unserer Hand, deshalb seid Ihr hier in der Kirche vor dem Altar, und wir bitten um Gottes Segen und um seine Hilfe.

Helfen soll auch Euer Trauspruch aus Psalm 18,30: »Mit meinem Gott kann ich über Mauern springen!«

Über eine hohe Mauer seid Ihr gerade gesprungen: hinein hier in die Kirche und in Eure Ehe. Ein paar Jahre Anlauf waren dafür nötig, dazu die Festvorbereitungen der letzten Wochen.

Mauern gibt es viele und manchmal braucht man einen langen Anlauf. Denkt nur an die Mauern um Euch herum! Ich meine nicht nur die Zäune und Feldmauern, über die Ihr auf verliebten Spaziergängen klettern werdet, sondern ich denke an die gesellschaftlichen Bedingungen und Schranken unserer Zeit. Die Grenzmauer zum anderen Teil Deutschlands ist keine 100 Kilometer von hier entfernt und Ihr habt Verwandte dort drüben. Diese Mauer werdet Ihr vielleicht manchmal gemeinsam durchqueren, aber sie bleibt ein hartes Zeichen unserer zerteilten Welt. Und Ihr beginnt Eure Ehe im Wissen, daß beide politischen Systeme bereit und gerüstet sind, sich auf schreckliche Weise auszurotten.

Das klingt sehr unfestlich, aber Ihr heiratet in der Kirche Jesu Christi, in dem Gott sich ganz hineinbegab in unsere Welt mit ihren Zerrissenheiten, ihren Ungerechtigkeiten und Widersprüchen.

Und in seinem Namen »Ja« zu sagen, bedeutet, sich nicht herauszuschleichen in ein privates Glück, sondern diese Welt im Auge zu behalten. Das Kreuz auf unserem Altar vor Euren Augen steht für unsere Welt und für Jesus Christus, der sein Leben gab, um die Grenzen und Mauern zwischen uns Menschen in Liebe zu überwinden, um uns miteinander und mit Gott zu versöhnen.

So erinnert das Kreuz auch an all die Mauern, über die wir in den kommenden Jahren – den Jahren Eurer Ehe – werden springen müssen: die Mauern unseres Wohlstandsegoismus, die Mauern unserer Verschwendungs- und Zerstörungssucht, die Mauern unserer tödlichen, errüsteten Sicherheit. Wir werden lernen müssen, zu teilen, zu verzichten und neue Schritte aufeinander zu zu wagen.

Für solche Umstellungen, wie sie uns allen bevorstehen, wenn diese Welt bestehen bleiben soll, braucht jeder Kraft und Mut. Zu zweit geht das schon leichter – auch das ist wohl ein guter Grund zum Heiraten.

Habt Ihr den Termin Eurer Silberhochzeit schon einmal ausgerechnet?

(Ich lasse sie selbst das Jahr ausrechnen)

Wie wird die Welt sein im Jahr 2000 und … ?

Und wie werden wir leben, wenn Gott Euch bis zur Goldenen Hochzeit zusammen leben läßt? Das wäre dann im Jahr 2000 und …

Diese Jahreszahlen wirken auf uns erschreckend angesichts der Zukunftsprognosen unserer Zeit. Wie auch immer das Leben dann sein mag, wir werden jedenfalls sehr viel Kraft, Mut und Glauben brauchen, um in dem, was kommt, zu bestehen. Ich wünsche Euch beiden die befreiende Glaubens- und Lebensgewißheit Eures Trauspruches: »Mit meinem Gott kann ich über Mauern springen.«

Es gibt allerdings auch noch ganz andere Mauern, über die das Springen manchmal eher ein mühsames Klettern ist. Ich meine die Mauern und Barrikaden in uns selbst. Gerade wenn zwei sich lieben und zusammen leben, das heißt, wenn zwei sich öffnen füreinander in all ihrer menschlichen Verletzbarkeit, entstehen leicht Situationen, in denen sie diese inneren Grenzen schmerzlich spüren.

Es gibt im Laufe der Ehe Zeiten, in denen scheint das Leben wie zugemauert. Es gibt Konflikte, in denen sich jeder verschanzt und darauf wartet, daß der andere zu ihm herüberkommt. Es gibt Streitereien, in denen sich jeder im Recht fühlt und zudem meint, er selbst habe schon oft genug den ersten Schritt auf den anderen zu getan.

Manchmal hilft dann ein Lachen – und die Mauer fällt.

Manchmal werdet Ihr vielleicht auch hart arbeiten müssen, bis Ihr beide wieder auf einer Seite seid.

Sollte so eine Zeit einmal für Euch kommen, in der Ihr Euch herumquält miteinander und mit Euren Erwartungen, wie der andere gefälligst zu sein habe, mit dem Ärger, weil er nicht so ist, und mit der Mauer zwischen Euch – dann erinnert Euch an Euren Trauspruch: »Mit meinem Gott kann ich über Mauern springen!«

Gott segne Eure Ehe und schenke Euch die Kraft, den Mut, die Liebe und den Glauben, den wir alle brauchen.

Zwei ergänzende Ideen zur Gestaltung:
Es war sehr einprägsam, diesen Trauspruch auf ein großes Bettlaken zu schreiben und an die Kirchhofsmauer zu heften.
Außerhalb der Kirche hatten wir eine Mauer aus Feldsteinen errichtet, über welche das Brautpaar mit viel Vergnügen sprang.

Ehestiftung

Texte: Tobias 7,15–17 und Psalm 33,21   *Eberhard Bethge*

Für eure Trauung habe ich einen Text ausgesucht, den auch Ihr schön fandet. Er erzählt etwas. Er steht bei Tobias, Kap. 7,15–17:
»Raguel nahm die Hand der Tochter und schlug sie Tobias in die Hand – und sprach: Der Gott Abrahams, der Gott Isaaks und der Gott Jakobs sei mit euch
– und helfe euch zusammen –
und gebe seinen Segen reichlich über euch!
Und sie nahmen einen Brief und schrieben die Ehestiftung.
Und lobten Gott!
Und hielten Mahlzeit.«
Dann habt Ihr selbst für die Stiftung Eures Ehebundes einen Text gewählt, den Ihr uns allen auf Eurer Einladung zur Trauung abdrucktet. Er bekennt etwas. Er steht im Psalm 33,21:
»In ihm erfreuet sich unser Herz,
und wir vertrauen auf seinen heiligen Namen.«.
Der Text aus den alttestamentlichen Apokryphen zählt die uralten fünf Bestandteile einer Hochzeit auf: die Akte der Zeremonie, die viel mehr als nur zeremoniell sind; das Gebet, welches diese verankert; den Vertrag, der geschrieben; den Hymnus, der darauf angestimmt; und endlich das Festmahl, das dahin gehört. Damit sind fünf Elemente angesprochen, auf die es uns und euch an diesem Tage offensichtlich ankommt: 1. mit den Akten der Zeremonie das Element der Öffentlichkeit eures Schrittes; 2. mit dem Gebet die Bezeugung unserer Abhängigkeit in dieser Stunde; 3. mit dem Vertrag die gemeinte Dauer dessen, was heute aus einmal mehr emotionellen Anfängen entsteht; 4. mit dem Hymnus der Transzendenz-Bezug dieses Eheschlusses; und 5. mit dem Festmahl sein Immanenzbezug.
Euer Text bekennt etwas sehr Bestimmtes. In der Tobiaserzählung hat er seinen Platz deutlich im zweiten und vierten Bereich, dem Gebet und dem Hymnus. Der Spruch ist nicht so harmlos, wie heute Lob- und Danklieder

in unseren Ohren klingen. Er ist zu seiner Zeit viel eher ein Trotzlied als ein mildes Glaubenslied. Merkwürdigerweise sagt er ja nicht: Wir vertrauen auf Deine Kraft, auf Deine Hilfe – er sagt: »auf deinen heiligen Namen«. Der Name, Jahwe, ist Kennzeichnung einer eifersüchtigen Beziehung; und das Adjektiv »heilig« meint die Ausschließlichkeit dieser Beziehung: Wir bekennen uns also zu einem ganz bestimmten Gott; alle möglichen anderen sind damit polemisch abgelehnt, alte und moderne erst recht! Ihr bekennt ein verpflichtendes DU. Ihr »erfreut« euch und »vertraut« dieser wahrlich verwundbaren Partnerschaft! Seinen »heiligen Namen«, und nicht Götter der Stärke und der Waffen, erkennt Ihr, ruft Ihr und bekennt Ihr auch in dieser Stunde Eures Neubeginns!

Doch zurück zu der Erzählung bei Tobias und seinen Hochzeitsbereichen:

Die Zeremonie

Was bei Euch mit der Heimlichkeit der Liebe angefangen hat, was Eure eigenste Sache gewesen ist, das besiegeln wir nun mit dieser öffentlichen Zeremonie der Trauung vor Gott und vor den Menschen. Was zunächst Gestalt angenommen hatte im Feld Eures eigenen Willens und Eurer privaten Vorstellungen, dem widerfährt jetzt seine Bestätigung durch Gott und durch die Menschen um Euch herum. Was eventuell noch von mancherlei Ungewißheiten durchsetzt gewesen sein mag, das wird mit dieser Handlung in der Solennität unserer Kirchen zu der Gewißheit eines »Standes« gebracht. Und ich liebe dieses alte Wort »Stand« in diesen Zusammenhängen, möchte seinen Inhalt nicht in Funktionen auflösen, weil ich glaube, daß wir uns der Auflösung von »Stand« in seine Funktionen einen schlechten Dienst leisten und unsere Subjektivität weit überfordern.
Natürlich beruhen die Zeremonien dieses Tobiastextes auf Voraussetzungen, die vergangen sind. In ihnen geht es patriarchalisch zu, wie es unsere heutigen Familienstrukturen nicht mehr erlauben. Paternalistisch sind die Partner der Erzählung einander zu-, ja untergeordnet. In diesen Breiten unseres Globus duldet unser Zeitalter das nicht mehr. Das ist schon so, und unsere Versuche, einfach zurückzudrehen, mißlingen.
Dennoch – alle tiefgreifenden Umwälzungen, in denen neue freiheitliche Rechte erworben sind, haben bestimmte Grundelemente der Ehe, wie sie auch bei Tobias erscheinen, nicht auslöschen können. Und Ihr wolltet beide nicht auf sie verzichten und begehrtet dieses Fest und begehrtet nach dieser Trauung. Ihr wollt Euch vor dieser Versammlung und vor diesem Altar die Hände nicht nur geben, sondern ineinander legen lassen. Ihr wünscht das Einverständnis Eurer Umwelt, ohne das Ihr Euch nicht getragen wißt. Ihr findet es nicht ausreichend, sich den Partner zu nehmen – er muß gegeben sein. Selbst in der Eheauffassung, nach der man sich nicht mehr von Eltern oder Autoritäten zusammengeben läßt, sondern selbst wählt, so daß man es sich gar nicht mehr anders vorstellen kann –, auch

innerhalb dieser Eheauffassung kommt der Punkt, an dem einem am Einverständnis von Familie und Freunden liegt, an ihrem Ja, am Gegebensein und nicht mehr an Entführungsromanzen – in biblischem Denken: am »Segen«. Und so bestätigt heute Gott selbst durch die Ordnung der Kirche, daß ER Euch einander gibt und Bürge und Garant Eures Bundes ist. So begehen unsere beiden Familien gern und tief beteiligt die Akte dieser Zeremonie und bezeugen, festgelegt vor der Öffentlichkeit, wie sie Euch einander geben.

Wie zu Tobias Zeiten ist die Gebärde dafür der Handchlag; er ist nicht abgeschafft. Handschlag besagt die Beendigung von Vorbehalten, ja des Mißtrauens, mit dem sich Fremde und Feinde begegnen. Nun gibt man sich buchstäblich in die Hand des anderen. Das ausforschende Befragen ist beendet; seine Fortsetzung wäre schon der Beginn des Ehebruchs. Nun geht man um miteinander wie mit seinesgleichen. So tauschen wir nun die Gebärde des Vertrauens und der Treue aus.

Mit Eurer beider Handschlag an dieser Stelle und zu dieser Stunde bürgt Gott selbst für diesen Bund der Erfüllung durch den anderen, wie der Begrenzung am anderen, und so werdet Ihr lernen, was Frieden und was Liebe eigentlich ist.

Das Gebet

Die Bürgschaft Gottes kann nun von uns nur ausgesprochen und von Euch nur angenommen werden, wenn wir uns mit Tobias vergewissern, daß sie an ganz anderer Stelle verankert ist. Sonst gewinnt bald wieder Zwietracht säende Ausforschung die Oberhand. Diese freudvolle und auch stolze Zeremonie der Trauung ist zugleich ja auch eine fast hilflose Gebärde unserer Abhängigkeit vom Gebieter dieser rätselvollen Erde und ihrer undurchschauten Gezeiten. Deshalb beginnen wir mit dem Ausdruck dieser Abhängigkeit, mit dem Gebet. Und Ihr beginnt deshalb mit Eurem Psalmspruch »In ihm erfreuet sich unser Herz, und wir vertraun auf seinen heiligen Namen« (Ps 33,21).

Ich finde es wichtig und tröstlich, daß der Anruf in der Tobias-Erzählung eben auch mit lauter Namensnennungen anfängt. Er ruft zum Gott Abrahams, Isaaks und Jakobs – wir fügen hinzu: zum Gott Jesu Christi. Das heißt, wir rufen nicht einen philosophischen Gott, sondern den einer zielgerichteten Geschichte; nicht den eines unpersönlichen Prinzips, sondern den, der die Seinen auf ihrer Wanderung begleitet; nicht den eines blinden Fatums, sondern den der Zuwendung; nicht den ungenannten Fernen, ja, ein Es, sondern das Du, das mit uns und für uns leidet – und das noch, wenn er an uns leidet. Den bitten wir, daß er mit Euch sei als Bürge, und auch als Versöhner, wenn wir ihn betrüben.

Wenn der Text fortfährt: »der helfe euch zusammen«, so deutet er an, daß diese Zeremonie nur erst der Beginn eines Prozesses des Zusammenfin-

dens ist. Es gibt für die Ehe Dinge, die sind erst nach vielen, vielen Jahren zu entdecken. In diesen mischen sich die Dimensionen des Persönlichen, des Beruflichen, der sozialen Ansprüche, der Erfolge und Mißerfolge in immer neuen Konstellationen, sei es, daß sie sich fördern oder stören. Die moderne Ehe hat wohl an individueller Differenzierung viel gewonnen; sie fragt nach der legitimen Selbstverwirklichung jedes der beiden Partner und kämpft um den Raum für seine Freiheit. Aber damit sind auch ungeahnte Kräfte der Entzweiung entbunden, die es zu bewachen gilt. Unversehens steigen sie aus den eigenen Ansprüchen an die Oberfläche. Von außen, von Freunden und Familie werden sie in den Bund hineingetragen – so, als ob nicht auch Freunden und Verwandten angesichts einer vollzogenen Ehe das Gebot gelte, daß sie ihrerseits diese nicht aufzubrechen berechtigt sind. So entlassen wir Euch in Euren Bund mit dem dringlichen Gebet: »Er helfe euch zusammen«; dorthin, wo einer am Du des anderen entdeckt, wer er selbst ist und wer er dem anderen sein kann. »Er helfe euch zusammen« dorthin, wo die Krisen – welche nirgends so schmerzlich fühlbar werden wie zwischen Allernächsten, angenommen und fruchtbar werden.
Und dazu – so schließt das Gebet – »Gebe er seinen Segen reichlich über euch«. In der Welt des Tobias hieß das: Er gebe euch große und fette Viehherden und verläßliche Wächter dazu. Warum sollen wir schäbiger denken in unseren Wünschen für Euch als die Bibel, zumal in ihren so irdischen, materiellen alttestamentlichen Teilen? Wir wünschen Euch alle nur förderlichen irdischen Güter und Erfolge – und Zeit, sie zu nutzen dazu, für Euer Wohlbefinden. Aber wir wollen auch nicht verleugnen, daß sich die Gestalten des Segens in der Geschichte außerordentlich wandeln – bis dahin, daß von seiner ursprünglichen Fülle nichts mehr zu sehen ist. Dann jedoch offenbart sich erst der eigentliche Sinn von Segen. Der besteht nämlich in dem letzten, unbedingten, durchhaltenden und zustimmenden Ja über jemanden, der dann auch sein Leid trägt. Das heißt aber, die Gestalt-gewordenen Zeichen des Segens bleiben über ihren Tag hinaus zweideutig, sie werden zweifelhaft und werden wechseln, schneller, als einem lieb ist. Der Segen selbst aber, sein großes Ja über eure Partnerschaft aber nicht!

Der Vertrag

Dem Handschlag und dem Gebet folgen dann zwei merkwürdig gegensätzliche Handlungen: die nüchterne Formalie eines Vertrages mit Unterschrift – und die subjektive Emotion hymnischen Singens, ja vielleicht sogar die Selbstentäußerung jenes stampfenden Tanzens, die ich gestern abend bewundern konnte. Aber genauso ist das mit dem Ehebund: Papier, Stempel, Unterschrift – und lautes Jubilieren.
Standesamt und ins Kirchenbuch eingetragene Beurkundung. Erst war da die Übermacht Eurer Liebe, und sie allein. Und sie ging niemand etwas an außer Euch. Und nun auf einmal ein bürgerlicher und kirchlicher Rechts-

vorgang. Damit wird das Privateste zum Universalen gewandelt, dem Stand der Eheinstitution. Das Heimliche zum Öffentlichen. Das Freischwebende zum Gebundenen. Das im Herzen Verankerte zu Papier und Tinte gemacht.

Aber das ist so, allein uns zugute. In Wahrheit ist dieser grundlegende Vorgang der gnädige Schutz vor uns selbst. Wir wollen uns binden: sichtbar und nachprüfbar. So, daß man sich darauf berufen kann. Wir wissen nämlich, wie wetterwendisch Herz und Wille sind, plötzlich bereit, sich in den Dienst höchst gegensätzlicher Interessen stellen zu lassen; in Ausmaßen, die wir uns selbst nicht glauben. Deshalb erkennen wir an, daß es geratener ist, unser Zusammen-schicksal nicht nur in unserem guten Willen und in den Motiven der Herzkammern zu verankern, sondern in der fixierten Ordnung der Ehe, für die sich Gott zum Garanten macht; und die eine ältere Würde besitzt als jede uns sonst bekannte Ordnung. Das bekräftigen wir mit unserer Tinten-Unterschrift.

Wir erkennen damit an, daß unsere vermeintlich reinen Motive vom anderen her gesehen nichts bedeuten, Fakten aber alles. Daß unser guter Wille wenig zählt, unsere Taten aber viel. Daß sogar, was immer wir denken, das tatsächlich gesprochene Wort alles ausrichtet – sei es das bessernde, sei es das verwundende; vielleicht auch die laute Sprache des unterlassenen Wortes. Leider ist Schweigen zwischen zwei Menschen erst recht schneidendes Wort!

So vollziehen wir heute miteinander den öffentlichen Vertrag. Und wir tun das im Verständnis des gnädigen Schutzes Eures Bundes. Wir wünschen Euch damit herzlich, daß Euch einmal die Erfahrung zuteil werden möchte, die Ihr Euch noch kaum konkret vorstellen könnt – und so richtet sich mein Satz wohl mehr an die hier um Euch versammelten Spät-Ehe-Erfahrenen – dennoch vielleicht merkt Ihr ihn Euch: Erst trägt die Liebe die Ehe; dann trägt in langen Jahren die Ehe die Liebe – und wenn das gut geht, dann passiert etwas Wunderbares: die Liebe trägt zuweilen wieder die Ehe!

Der Hymnus

Nun ist alles, was heute durch Euch, mit und für Euch passiert, weit mehr als ein Rechtsvorgang. Es ruft in uns ja spontan die Reaktion hervor, die sich ihrem Wesen nach erst mal ganz zweckfrei und absichtslos ausdrückt: die Gemütserhebung, die exultatio, der Hymnus, der Überschritt in die Selbstauslieferung des Singens. Mit innerer Notwendigkeit stimmen wir über dem Akt der Trauung geordnet und ungeordnet Lob- und Danklieder an. Wir müssen singen und spielen darüber, daß nun die beiden zu Partnern in allen Lebensbezügen werden; daß sie nun in den Strom der Generationen geraten und Erben und Neuschöpfer werden. So wird dieser Tag im Hymnischen für Euch zugleich: gefüllt mit Stolz und mit Demut. Ganz zu

Euch selbst gekommen und ganz über Euch selbst hinausgehoben. So hat es hier seinen Platz: Kantilieren, Fiedeln und Flöten, zweckfreies, hymnisches Musizieren und Spielen, wie das Euer Spruch ja einschließt: »in IHM erfreut sich unser Herz!«.

Das Festmahl

Zum Ende seiner Erzählung wehrt Tobias dann noch all unseren Trieben nach einer falschen Vergeistigung oder Verhimmelung der Hochzeit. Zu dieser gehört, daß wir das schönste, irdische Festmahl miteinander begehen. Das heißt auch: dazu gehören die langdauernden Mühen und Freuden seiner Vorbereitung, seine Probleme auch! Eine Hochzeit begründet nämlich das »essential« einer Ehe: die Tischgemeinschaft. Deshalb eröffnen wir diese mit dem Vollzug gemeinsamen Schmeckens und Genießesn als ein Zeichen des Vollzuges dieses neuen Bundes. So erhebt die Tischgemeinschaft die Ehe über alles Tierische und Biologische, an dem wir auch teilhaben. Das Glück dieser Ehe hängt, weit hinaus über die Bettgemeinschaft, dann am Durchhalten ihrer Tischgemeinschaft. Wer schließt schon bürgerlich oder politisch einen Vertrag, ohne ihn durch ein Mahl zu besiegeln? Und ist es etwa Zufall, daß kirchlich-theologisch das höchste und tiefste Symbol der Gottes- und Menschengemeinschaft das Sakrament der Tischgemeinschaft mit Christus geworden ist?
Leider machen uns der moderne Lebensrhythmus und die doppelte Berufsausübung der Partner, in die auch Ihr verwickelt seid, die tägliche Praktizierung der Tischgemeinschaft so schwer. Deshalb möchte ich Euch zum Schluß dringlich raten: Findet Eure Form, ihr zu genügen und sie durchzuhalten. Sie aufzugeben, bereitet den halben Ehebruch vor.
So »helfe euch« der Gott, dessen Bundesnamen ihr »vertraut«, dessen Treueerklärung an Euch Ihr nun gemeinsam ergreift, »zusammen, und er gebe seinen Segen reichlich über euch!«.

Eines Tages rief Gott das Glück zu sich

Text: Psalm 84,112   *Helmut Siegel*

Liebe Gemeinde und vor allem: liebes Brautpaar!
Auf meinem Schreibtisch lag nun viele Tage ein kleiner Zettel. Ein Kalenderspruch war darauf, der Ihnen so gut gefallen hatte: Es war eine Anweisung zum Glücklichsein. Und ich habe nachgedacht, überlegt: Was ist das

eigentlich – Glück? Woher kommt das? Wie bleibt es? Und beim Nachdenken darüber ist mir eine Geschichte eingefallen, die ich Ihnen erzählen möchte:

Eines Tages rief Gott das Glück zu sich und sagte: »Es gibt etwas für Dich zu tun! Da gibt es einen Mann und eine Frau in einem kleinen Ort, zwischen Bremen und Bremerhaven, die wollen glücklich sein und bleiben. – Hier, das sind Namen und die Adresse!« Er reichte dem Glück einen Zettel und sagte: »Also los, beeile dich!« Das Glück nickte und machte sich auf den Weg. »Ein leichter Auftrag«, dachte es, aber dann geschah es. Vielleicht hatte es den Zettel nicht richtig festgehalten, jedenfalls: ein kräftiger Windstoß, wie in unserer Gegend ja üblich, und weg war der Zettel mit den Namen und der Adresse. »Was mach ich nur?«, jammerte das Glück, »ich weiß nur noch den Ort, aber: Wie hießen bloß die Leute, denen Gott Glück schenken wollte?« Nachdem es eine Zeitlang ratlos am Straßenrand gesessen hatte, machte es sich auf den Weg, das Paar zu suchen. »Ich glaube, ich schaffe es auch so«, dachte das Glück, »ich habe Erfahrung und weiß schon, woran man Leute erkennt, denen Gott Glück schenken will.« Das erste Paar war allerdings eine Enttäuschung. Zwar wurde das Glück mit offenen Armen aufgenommen, aber dann bekam es Beklemmungen. Als da jemand anrief, ein Freund des Paares, der gerade unglücklich war und ein bißchen Trost brauchte, da sagte die Frau nur kurz: »Weißt du, uns um dein Unglück zu kümmern, da ist uns jetzt nicht nach zumute, wir sind gerade soo glücklich miteinander!« Und als sie aufgelegt hatte, nickte ihr Mann und sagte: »Recht so! Wir müssen gut aufpassen, daß uns niemand unser Glück wegnimmt. Jeder ist seines Glückes Schmied, nicht wahr?« Da verabschiedete sich das Glück. »Die kann Gott nicht gemeint haben«, dachte es, »diese Egoisten! Und meinen Absender kennen die auch nicht!«

Leider erging es dem Glück beim zweiten Paar nicht viel besser: »Das trifft sich ja gut!« riefen sie. »Jetzt haben wir endlich Glück!« Das Glück war erstaunt, denn eigentlich fehlte es den Leuten an nichts: Sie hatten eine schöne Wohnung, beide Arbeit, sogar ein Kind. Als es die beiden darauf ansprach, meinte der Mann abwinkend: »Jaja, ganz schön! Aber: das ist doch längst nicht genug! Was ist schon eine Wohnung gegen ein Haus! Mit dir, da gewinnen wir im Lotto, du wirst sehen! Endlich haben wir mal Schwein!« Da zog das Glück sich beleidigt zurück, nein: »Schwein«, so wollte es sich nicht nennen lassen, immerhin: es kam ja direkt von Gott.

Beim 3. Paar dachte es: »Das sind die Richtigen!« Die beiden waren jung, ineinander verliebt und strahlten vor Glück. »Natürlich bist du hier richtig«, sagte der Mann, »siehst du nicht, wie glücklich wir miteinander sind!«, und er gab seiner Frau einen langen Kuß. »Mag sein«, sagte das Glück, »ein letzter Test noch: Buchstabiert mich bitte!« Die beiden sahen das Glück verständnislos an. »Naja«, erklärte das Glück ein wenig ungeduldig: »Ihr wißt doch ›A‹ wie ›Anton‹, ›B‹ wie ›Berta‹, also: buchstabiert mich, G wie …« »Geld!« sagte die Frau und dachte an die vielen schönen Kleider, die sie sich kaufen wollte. »L wie Lust«, sagte der Mann und lachte, »denn eine Ehe ohne Sex, das ist doch nichts!« »Ü, Ü ...«, die Frau überlegte, »wie ›überall‹, denn wenn wir viel Geld haben, dann können wir endlich überallhin reisen, wo wir schon immer hinwollten!« »Ja, und C wie Circus oder Cognac«, sagte der Mann, »wir werden Feste feiern, noch und nöcher!« »Ja und K wie ›Kette‹, du weißt doch, die beim Juwelier im Fenster!« sagte die Frau und sah ihren Mann an. Nur: als sie wieder auf das Glück schauen wollte, da war es nicht mehr da. »Nein, die kennen mich nicht!« sagte das Glück, »wieder die Falschen!«

Ja, beim vierten Paar, da war es erst wie beim Dritten. Die beiden waren nicht mehr so in der ersten Verliebtheit, immerhin kannten sie sich schon sieben Jahre, aber man merkte ihnen an: Sie waren glücklich und sagten zueinander: Du wir heiraten. Nun sind wir schon so lange glücklich miteinander, das hat Bestand. Das Glück beobachtete die beiden erst einmal eine Weile, sah, wie sie sich freuten, wenn der eine vom Punktspiel aus Hannover wieder nach Hause kam, hörte zu, wie sie sich über ihre Hochzeit unterhielten und darüber, daß der Pastor hoffentlich nicht streng wäre oder kalt und unbeteiligt. »Denn wohlfühlen möchte ich mich in der Kirche«, sagte Wilfried, »wir brauchen doch Schutz und Hilfe. Weißt du noch, wie wir bei der Konfirmandenprüfung gezittert haben?« Das Glück dachte: »Das könnten wirklich die sein, die Gott gemeint hat!« Und es machte wieder den Buchstabier-Test. »Schwer«, meinte Heike, »aber bei ›K‹ da fällt mir gleich etwas ein: ›Kind‹ nämlich. Wir haben so viel Schönes zu zweit erlebt, jetzt möchten wir gern Kinder haben, für so einen kleinen Menschen da sein.« »C, also da weiß ich bestimmt nichts«, sagte Wilfried, aber dann rief er: »›Chance‹. Ich meine, die Chance, immer wieder neu anzufangen. Daß ich mir auch mal was Falsches leisten kann, und ich weiß: die Heike läßt mich nicht fallen und trägt mir nichts nach.« »Aber das ist bei dir doch auch so«, sagte Heike, »wenn ich mich mal schlecht fühle, so richtig unten bin, dann läßt du mich doch auch in Ruhe wieder zu mir finden.« »›L‹ das ist einfach«, meinte Wilfried, »L wie Liebe. Nicht so ein Strohfeuer, sondern eine richtige, die den andern so sieht, wie er ist, auch seine Fehler, aber darum nicht aufhört. Wo es nie langweilig wird, weil man dem andern immer wieder so viel zu sagen hat, oder auch mit ihm zu schweigen.« »Ja und Ü wie ›üben‹, Liebe üben«, meinte Heike, »denn was hilft es, zu sagen: ›Ich liebe Dich!‹ und dann für den andern nichts zu tun, ihn nie diese Liebe spüren zu lassen!« »Ach, Glück, das ist so schwer zu buchstabieren!« sagte Heike zu ihrem Mann, »weißt du, die Hauptsache ist doch, daß du mit mir glücklich bist!« »Nein«, sagte Wilfried, »daß du glücklich bist, das ist für mich die Hauptsache.« Das Glück lächelte. »Es fehlt noch das G!« erinnerte es die beiden. »Ja, das ›G‹, vielleicht wie ›Glaube‹, fragte Heike, »denn du glaubst doch an mich, daran, daß ich Dir treu bin, wenn ich nicht mit dir zusammen bin; und ich glaube dir ja auch!« »Ich weiß nicht«, meinte Wilfried, »vielleicht doch ›G‹ wie ›Gott‹, denn: Wir haben vieles geschafft und erreicht, aber daß wir glücklich sind, das hat uns Gott geschenkt. Vielleicht bin ich ja altmodisch, aber daß unser Glück auch hält, das kann uns nur Gott schenken!« Er war ein bißchen verlegen, denn über seinen Glauben, da redete er eigentlich nur sehr selten. Das Glück aber strahlte: »Herzlichen Glückwunsch« sagte es aufatmend, »hier bin ich richtig. Ihr wart die, die Gott gemeint hat. Bei euch bleibe ich!« »Für immer?« fragte Heike und Wilfried. »Nun«, sagte das Glück, »solange ihr GLÜCK so buchstabiert wie eben, sicherlich. Vor allem das ›G‹ wie Gott. Ich hoffe, ihr vergeßt über all eurem Glück nicht den, der es euch schenkt. Immerhin: mit ›G‹ wie Gott fange ich an!«

»Herrjeh«, sagte es und sah auf die Wanduhr, »ihr müßt zur Kirche, sonst kommt ihr noch zu spät zu eurer Trauung. Aber« – es kramte einen kleinen Zettel aus der Hosentasche hervor – »gebt das dem Pastor. Das ist zwar kein Spruch aus der Bibel, aber er soll es trotzdem vorlesen. Denn da wird gesagt, wie ihr mich nachher garantiert wieder findet. Und darum ist es wie ein Gottes-Wort, denn das will ja Gott: daß ihr glücklich seid.«

Ja, und nun steh' ich hier und mir bleibt nichts anderes zu tun, als den Zettel vorzulesen: »Willst du glücklich sein im Leben, bringe andern Glück; denn die Freude, die wir geben, strömt ins eigne Herz zurück.«

Ja, so ist es. Oder in der Sprache der Bibel: Amen.

Der Weisheit letzter Schluß

Text: Sprüche 3,13–14   *Günter Bublitz*

Liebes Brautpaar!
Kurt Tucholsky hat einmal einen ziemlich frechen Satz gesagt: »In der Ehe pflegt gewöhnlich immer einer der Dumme zu sein. Nur wenn zwei Dumme heiraten –: das kann mitunter gut gehn.« Also wenn ich Euch so sehe, hab ich da keine Befürchtungen. Einmal glaub ich einfach nicht, daß in der Ehe immer einer der Dumme sein muß. Und außerdem hab ich das Gefühl, daß hier zwei besonders Kluge heiraten.

Ihr habt Euch nämlich einen recht klugen Trauspruch ausgesucht: »Wohl dem Menschen, der Weisheit erlangt, und dem Menschen, der Einsicht gewinnt! Denn es ist besser, sie zu erwerben, als Silber, und ihr Ertrag ist besser als Gold.«

Mit diesem Spruch durch Dick und Dünn zu wollen – dazu gehört ja auch bereits eine erstaunliche Einsicht. Die nämlich, daß es wichtigere Dinge gibt im Leben, als das, was glänzt und blinkt und zählt.

Dabei gab es Zeiten – und vielleicht gibt es sie immer noch? –, da waren Gold und Silber das einzige, was zwei Menschen zusammenführte. Die Eltern waren sich einig. Der Bräutigam brachte Metall mit in die Ehe. Die Braut brachte Metall mit in die Ehe. Wen wunderts, wenn Blech dabei rauskam, in den allermeisten Fällen. Wichtig ist nicht, daß man standesgemäß heiratet, sondern anständig. Und hierzu braucht es mehr als Gold und Silber. Herzlichen Glückwunsch zu dieser Einsicht!

»Wohl dem Menschen, der Weisheit erlangt, und dem Menschen, der Einsicht gewinnt! Denn es ist besser, sie zu erwerben, als Silber, und ihr Ertrag ist besser als Gold.«

Wenn man auf das setzt, was glänzt und zählt, dann muß man noch eins wissen. Es hat noch eine eigenartige Bewandtnis mit dem Gold. Ich erinnere an ein Märchen. Ihr kennt es:

»Hans hatte sieben Jahre bei seinem Herrn gedient, da sprach er zu ihm: ›Herr, meine Zeit ist herum, nun wollte ich gerne wieder heim zu meiner Mutter, gebt mir meinen Lohn.‹ Der Herr antwortete: ›Du hast mir treu und ehrlich gedient, wie der Dienst war, so soll der Lohn sein‹, und gab ihm ein Stück Gold, das so groß als Hansens Kopf war.«

Ein Stück Gold, so groß als Hansens Kopf – das ist schon was. Machen wir uns nichts vor! Mit einer gediegenen Aussteuer, mit einer kräftigen Rücklage, mit einem soliden Sparbuch startet sichs leichter ins Glück zu zweit. Ich sag das aus eigener Erfahrung und eigentlich ohne Neid, weil wir kaum mehr hatten als ein paar Bestecks, zwei Brettchen und zwei Tassen und einen riesen Schwung Bücher, als wir anfingen. Es ging. Aber es wäre sicher manches einfacher gegangen – mit einem Klumpen Gold, so groß als mein Kopf.

Also nichts gegen ein gutes Startkapital. Aber aufgepaßt! Die Geschichte geht weiter: Das, was glänzt und blinkt, zählt nicht nur: es drückt auch!

Hans schreitet munter aus. Doch das, was er trägt, verlangsamt seinen Schritt mit der Zeit, läßt ersten Mißmut aufkommen. Vom fröhlichen Reitersmann, der des Weges kommt, nach dem Grund seiner Sorge befragt, gibt er eine recht tiefsinnige Antwort: » ... da habe ich einen Klumpen heimzutragen; es ist zwar Gold, aber ich kann den Kopf dabei nicht grad halten, auch drückt mir's auf die Schulter.«

Ich könnte mir eine ganze Reihe Leute vorstellen, die den Kopf nicht grad halten können, weil ihnen der Klumpen Gold im Nacken sitzt, und die auch sonst kaum etwas Gradliniges zustande bringen aus Angst, er könnte ihnen verlorengehen. Der Besitz im Nacken – das kann auch eine Partnerschaft erdrücken, das kann Familie belasten, Kinder vernachlässigen, Langeweile erzeugen, Fantasie abtöten.

Der Ertrag von Gold und Silber für eine Ehe ist bei Gott gering. Diese Einsicht kann goldwert sein, wenn sie rechtzeitig kommt. Wie bei Euch.

Aber es ging ja da wohl noch um mehr: »Wohl dem Menschen, der Weisheit erlangt ...« – Weisheit wollt Ihr also von mir für Eure Ehe. Ein paar weise Regeln vielleicht, mit denen man Krisen vermeiden, Gefühle erhalten, Harmonie herstellen, Fantasie beflügeln, kurz Ehe am Leben erhalten kann. –

Was ist Weisheit für eine Ehe? Ich bin kein Weiser. Und wenn ich einer wäre – was müßte ich Euch antworten auf Eure Frage, was Eure Ehe am Leben erhalten kann?

Es war einmal ein weiser Mann, der immer zur rechten Zeit die rechten Ratschläge gab. Darum wurde er auch viel befragt und genoß hohes Ansehen in der Bevölkerung. Dies ärgerte die Oberen des Landes und sie überlegten, wie sie dem weisen Mann eine Falle stellen könnten.

Nach langem Überlegen hatten sie eine Idee. Einer von ihnen sollte mit einer Maus in der geschlossenen Hand vor den weisen Mann treten und fragen, was er in der Hand trage. Sollte der weise Mann wider Erwarten die Maus benennen, so könnte durch die Zusatzfrage, ob das, was sich in der Hand befinde, lebend oder tot sei, der weise Mann bloßgestellt werden. Lautete die Antwort »tot«, würde die Hand mit der lebenden Maus geöffnet. Lautete die Antwort aber »lebend«, so könnte die Maus durch schnelles Zudrücken mit der Hand getötet werden.

Die Oberen gingen also zu dem weisen Mann und fragten: Was ist in meiner Hand? Der weise Mann antwortete: Eine Maus. Ist das, was in meiner Hand liegt, lebend oder tot?

Da antwortete der weise Mann: ob das, was in eurer Hand liegt, lebend oder tot ist – liegt in eurer Hand.

Ich denke, Ihr habt diese Weisheit verstanden.

Es ist eine Weisheit – auch für Eheleute:

Ob Ihr alt und glücklich miteinander werdet – liegt in Eurer Hand. Ob Eure Ehe belastbar bleibt und biegsam – liegt in Eurer Hand. Ob Eure Kinder Euch einmal lieben oder treten – liegt in Eurer Hand. Ob Eure Tage voll Fantasie oder von Langeweile getränkt sind – liegt in Eurer Hand. Ob Harmonie ist zwischen Euch oder gähnende Öde – liegt in Eurer Hand. Letztlich: Ob Eure Ehe lebendig ist und bleibt oder stirbt – das liegt in Eurer Hand.

Das ist eine beträchtliche Weisheit – für zwei, die eins werden wollen.

Aber ist es der Weiheit letzter Schluß?

Was könnte es verhindern, daß Euch diese Weisheit über den Kopf wächst? Wie kann vermieden werden, daß Euch diese schwere Verantwortung aus den Händen gleitet: daß alles in Eurer Hand liegt?

Der Apostel Paulus sagt sinngemäß im ersten Korintherbrief:

Wenn ich die Weisheit mit Löffeln gefressen hätte, und hätte die Liebe nicht – so wäre ich nichts.

Die Liebe ist der Weisheit letzter Schluß.

Damit ist nicht die Liebe auf den ersten Blick gemeint.

Auch nicht die Liebe auf den zweiten Blick.

Sondern die Liebe mit dem richtigen Blick.

Der richtige Blick sieht nicht die Schwächen, die der andere hat, sondern den andern, der gerade Schwächen hat.

Die Liebe liebt nicht den Schmutz, in dem die Perle liegt, sondern die Perle, die im Schmutz liegt.

Das ist das totsichere Rezept für das Gelingen Eurer Ehe: daß Ihr immer dann, wenn der andere unverständlich, problematisch, schwach und widerborstig scheint, die Perle sucht, die er ist, und mit der ausschließlich ihr verheiratet seid.

Was auch immer sich ansammelt in einer Ehe an Staub und Schmutz und Grünspan und Sägespänen, die der Zahn der Zeit als Abfallprodukt zurückläßt – es liegen zwei Perlen dort verbuddelt, die sich suchen und finden werden.

Wenn Ihr den Schmutz von den Perlen zu trennen vermögt, die Fehler und Schwächen von dem, der sich immer wieder einmal hat, und mit dem ausschließlich ihr verheiratet seid, dann liegt Eure Ehe nicht nur in Eurer Hand, sondern dann liegt sie in guten Händen.

Dann haben zwei wirklich Kluge geheiratet. Und dann wird das gut gehn. Mit Sicherheit! Amen.

Eine dreifache Schnur reißt nicht leicht entzwei

Text: Prediger 4,9ff.
Trauung mit Taufe   *Ingrid Keßler-Woertel*

Liebe Eltern, Verwandte und Freunde von N.N. und N.N., all ihr, die ihr gekommen seid, um den Gottesdienst hier mitzufeiern, liebes Ehepaar!
Es ist schon ein besonderer Traugottesdienst, den wir heute hier in der Alten Reformierten Kirche feiern. Den einen ist es aufgefallen, als sie am Mittwoch die Hochzeitsanzeige in der Zeitung lasen, mir ist es besonders zu Bewußtsein gekommen, als Sie beide am vergangenen Samstag zum Traugespräch zu mir kamen.
Es sind viele, wenn nicht die meisten Brautpaare, die sich kirchlich trauen lassen, die bald zu dritt sein werden. Ihr beiden seid schon zu dritt. Ihr habt Eure kleine Tochter M. mitgebracht, sie soll hier nachher in diesem Gottesdienst getauft werden. Als Ihr letzte Woche bei mir wart, die kleine M. lag auf einer Decke neben Euch, da fiel mir ganz spontan ein Bibelvers aus dem Alten Testament ein, den ich Euch heute auslegen möchte.
Die Bibel ist nämlich gar nicht so altmodisch, wie viele Menschen das denken. Der Prediger (sein Name ist uns unbekannt: Er wird nur Prediger genannt, der die Verse aufgeschrieben hat) ist sicherlich ein sehr weiser und

kluger Mensch gewesen. Und vor allem – er scheint mit beiden Beinen auf dem Boden der Tatsachen gestanden zu haben. Ein Realist sozusagen, einer, der nicht von Träumen lebte, sondern mitten hinein ins Leben sprach.

Dieser Prediger schreibt: »So ist's ja besser zu zweien als alleine. Fällt einer von ihnen, so hilft ihm sein Kamerad auf. Weh dem, der allein ist, wenn er fällt. Dann ist kein anderer da, der ihm aufhilft. Auch wenn zwei beieinander liegen, wärmen sie sich, wie kann ein einzelner warm werden! Einer mag überwältigt werden, aber zwei können widerstehen, und eine dreifache Schnur reißt nicht leicht entzwei.«

Es ist also besser zu zweien als allein, obwohl: Jeder Mensch muß auch lernen, allein, d.h. selbständig zu leben. Das war ja sicher auch mit ein Grund, weshalb Ihr beide – unabhängig voneinander – Eure Heimat verlassen (Hannover und Veenhusen) und Euch wieder unabhängig voneinander in München niedergelassen habt. Und von dort aus hat der Beruf den Ehemann in verschiedenste Teile der Welt geführt. Und sicher habt ihr so manches Mal gespürt – negativ gespürt – was es heißt, allein zu sein. Da hat man ein Problem, und dann ist der beste Freund nicht ansprechbar, die Freundin gerade nicht da, man ist allein und fühlt sich auch so: mutterseelenallein.

Der Prediger muß das gekannt haben, und so sagt er: »Es ist besser zu zweien als allein..Fällt einer von ihnen, so hilft ihm sein Kamerad auf.«

Wirklich ein lebenserfahrener Mensch, der Prediger: er sagt nicht: Wenn erst mal zwei sich gefunden haben, ist alles gut. So nach dem Motto aller Hollywoodfilme oder alter Märchen, die bei dem ersten Kuß oder spätestens bei der Hochzeit aufhören, und dann soll der Zuschauer denken: alles, was dann kommt, ist eitel Freude und Sonnenschein. Daß das so nicht ist, das habt Ihr sicherlich in Eurer Beziehung auch gemerkt. Da streitet man sich, liegt sich sozusagen ›in den Haaren‹, oft um nichts und wider nichts. Da geht man sich – wie man so schön sagt – auf den Geist. Aber, und das ist vielleicht das Wunder der Liebe:: Man versucht es immer wieder neu miteinander. Man redet mit dem anderen so lange, bis es ausgetragen ist. Und dann das wichtige: Fällt einer, ist da etwas, was ihn bedrückt, was ihn niederdrückt, dann ist der andere da und richtet ihn auf. Dann wird es wieder warm und hell für beide.

»Zwei liegen beieinandeer und wärmen sich, wie kann ein einzelner warm werden« fragt der Prediger ganz zutreffend. Und er macht das deutlich am Beispiel einer Schnur. Eine Schnur aus einem Faden reißt schnell entzwei. Eine Schnur aus zwei miteinander verzwirnten Fäden ist viel widerstandsfähiger. Eine dreifach gezwirnte Schnur ist schon ein sehr fester Halt und nicht so schnell zerreißbar!

Ihr seid jetzt zu dritt: Ihr beiden und Eure kleine M. Daß Ihr Euer Leben umstellen müßt, daß vieles anders wird mit einem kleinen Kind: das habt Ihr schon lange erfahren. Eure kleine Tochter hat ja zu Beginn ganz schön das Konzept durcheinander geworfen: sie ist zu früh zur Welt gekommen,

hat wochenlang im Brutkasten gelegen. Ihr habt Euch sicherlich sehr gesorgt. Das alles läßt Menschen enger zusammenrücken: »Eine dreifache
Schnur reißt nicht leicht entzwei.«

Noch eines möchte ich Euch heute sagen, ich denke, das ist beinahe das
Wichtigste: Die Schnur, die euch untereinander verbindet, ist sicherlich
heute stark und kräftig. Aber auch eine kräftige Schnur muß gehegt und ge-
pflegt werden, sonst wird sie kraftlos und spröde! Deshalb lege ich Euch
ans Herz: Verlaßt Euch nicht nur auf Euch selbst, sondern bittet Gott um
seinen Segen für Eure Ehe, um seinen Segen für Eure Familie. Er wird
Euch nicht in Stich lassen, wenn einmal alles trist und trübe aussieht. Gott
hilft, wenn wir ihn darum bitten. Gott ist da, wenn wir ihn einlassen.
Darum möchte ich Euch herzlich bitten: Laßt Gott nicht nur heute teilhaben an Eurem Leben, sondern auch morgen, übermorgen und allezeit.
Amen.

Das Fest der Liebe

Predigt mit Texten aus dem Hohenlied   *Karl-Heinz Risto*

Liebes Brautpaar!

»Wie eine Lilie unter den Dornen, so ist meine Freundin unter den Mädchen. Wie ein Apfelbaum unter den wilden Bäumen, so ist mein Freund unter den Jünglingen« (Hoheslied 2,2–3). Haben Sie sich wiedererkannt? Du
– wie eine Lilie unter den Dornen, du – der Apfelbaum unter den wilden
Bäumen. Das sind Worte, die Verliebte einander sagen. Es sind Worte, die
schön machen, einzigartig machen. Es sind Worte aus der Bibel.

Kaum jemand ahnt, daß in der Bibel ein Liebeslied steht. Es steht dort –
und nicht ohne Grund. Gott will, daß Mann und Frau einander lieben. Da
ist es doch ganz natürlich, wenn die Bibel von dieser Liebe erzählt. Und
nicht nur das, die Bibel nennt es ihr schönstes Lied, das Lied der Lieder.

»Meinem Freund gehöre ich, und nach mir steht sein Verlangen. Komm,
mein Freund, laßt uns aufs Feld hinausgehen und unter Zyperblumen die
Nacht verbringen, daß wir früh aufbrechen zu den Weinbergen und sehen,
ob der Weinstock sproßt und seine Blüten aufgehen, ob die Granatbäume
blühen. Da will ich dir meine Liebe schenken« (Hoheslied 7,11–13).

Das ist die Sprache der Liebe. Daß dieses Lied vor langer Zeit und in einem
fernen Land gesungen wurde, was spielt das für eine Rolle? Die Sprache
der Liebe überwindet die Grenzen der Zeit und die Grenzen zwischen
Menschen. Allerdings, wer sie verstehen will, wer sie nicht bloß mit den
Ohren hören, sondern im Herzen vernehmen will, der muß selber lieben.

Ich glaube, Sie verstehen diese Sprache. »Siehe, meine Freundin, du bist schön ... . Siehe, mein Freund, du bist schön und lieblich. Unser Lager ist grün« (Hoheslied 1,15–16). Mich erinnert das an Ihre Worte im Traugespräch. »Diesen tollen Typ, den wollte ich.« »Sie hat mir immer schon gefallen.« Und diese Verliebtheit vom Anfang ist geblieben, ist über Jahre gewachsen, und sie wird heute gefeiert. Die Hochzeit ist das Fest Ihrer Liebe.

Auch das Lied aus der Bibel endet mit der Hochzeit des Liebespaares. »Lege mich wie ein Siegel auf dein Herz, wie ein Siegel auf deinen Arm« (Hoheslied 8,6). Leider erfährt man nicht, wie es danach weitergeht. Ich finde das schade. Ich möchte gerne wissen: Wie meistert dieses Liebespaar dann seinen Alltag? Ich möchte wissen: Singen die beiden nach vier Jahren immer noch das gleiche Lied, sind sie immer noch so verliebt? Und wie sind die beiden alt geworden? Sind sie zusammengeblieben? Hat diese große Liebe sie zusammengehalten? Am Schluß des Liedes heißt es nur: »Liebe ist stark wie der Tod und Leidenschaft unwiderstehlich wie das Totenreich« (Hoheslied 8,6). Vielleicht also hat diese Liebe gehalten ohne Ende. Vielleicht war sie stärker als alles andere in ihrem Leben.

Ich höre daraus aber noch etwas anderes. Die beiden haben sich nicht nur Nähe und Zärtlichkeit geschenkt, sie haben einander auch Trennungen und Schmerzen zugefügt. Sie haben ihre Liebe verletzt und sind durch ihre Liebe verletzlich geworden.

»Als ich meinem Freund aufgetan hatte, war er weg und fortgegangen. Meine Seele war außer sich, daß er sich abgewandt hatte. Ich suchte ihn, aber ich fand ihn nicht; ich rief ihn, aber er antwortete nicht« (Hoheslied 5,6). Ihre Liebe hat sie offen gemacht füreinander, sie sind aber nun auch tief verwundbar.

Haben Sie einen Rat für das Liebespaar? Könnten Sie ihnen erzählen: So helfen wir uns, wenn uns die Liebe einmal wegläuft, wenn sie vergessen liegt unter einem Stapel von Gewohnheiten. so haben wir uns dann an unsere Liebe erinnert.

Das Lied der Lieder besingt den wunderbaren Beginn einer Liebe, aber dieser Beginn ist kein Ruheplatz. Liebe kommt wie von selbst, aber sie bleibt nicht von selbst. Sie ist ein Geschenk, und sie bedeutet Arbeit.

Ich muß achtgeben auf meine Liebe, damit ich sie nicht irgendwann vergesse. Ich muß Geduld mit ihr haben, damit sie sich verändern kann. Ich muß Vertrauen zu ihr haben, damit sie stark wird. Und manchmal muß ich an sie erinnert werden.

Gott erinnere Sie an diesen Tag, er erinnere Sie an dies Fest Ihrer Liebe, er erinnere Sie an Ihre Liebe.

»Ihre Glut ist feurig und eine Flamme des Herrn, so daß auch viele Wasser die Liebe nicht auslöschen und Ströme sie nicht ertränken können« (Hoheslied 8,6–7). Amen.

Liebe ist stark wie der Tod

Text: Hoheslied 8,6+7 *Klaus Zillessen*

Ihr habt eine der schönsten Dichtungen aus dem Hohenlied Salomos, dieser Sammlung von Hochzeits- und Liebesliedern des Volkes Israel, ausgesucht. So ist Euch zumute, diese Worte sind Euch aus dem Herzen gesprochen!

(Ich lese in einer neueren Übersetzung)
Hoheslied 8,6+7
»Lege mich wie einen Siegelring an dein Herz,
wie einen goldenen Reif an deinen Arm.
Denn Liebe ist stark wie der Tod
mächtig wie die Unterwelt ist die Leidenschaft,
ihre Gluten sind Feuersgluten,
wie eine lodernde Flamme.
Selbst große Wasser können die Liebe nicht löschen,
und Ströme schwemmen sie nicht weg!«

Das steht in der Bibel, in der Heiligen Schrift! Dabei sind diese Gedichte und all die andern Liebeslieder des Hohenliedes gar keine frommen geistlichen Gedichte, die von Gott und den Erfahrungen mit Gott und dem Glauben reden, keine Gebete – sondern ganz weltliche Lieder, leidenschaftlich (wie dies Lied, das Ihr Euch ausgesucht habt), manche sind sehr sinnenfroh, geradezu deftig, und alle miteinander alles andre als prüde!
Daß diese erotischen Lieder dennoch in die Sammlung der Schriften des Alten Testaments aufgenommen wurden, hängt damit zusammen, daß für das Lebensgefühl des Volkes Israel das Geistliche und Weltliche keine so streng getrennten Lebensbereiche waren. Auch in der Liebe zwischen Mann und Frau erfuhr man unmittelbar ein Stück Gabe und Segensfülle Gottes – und Liebesfreud und Liebesleid konnten leicht zum Bild für Leiden und Freuden der Gottesliebe werden.
Für uns mag das ein Hinweis sein dafür, daß Glaube, Gottesbeziehung, geistliches Leben auf der einen Seite und leibliches Leben, Partnerschaft zwischen Mann und Frau, Eros auf der andern Seite, nicht zwei getrennte Welten sein wollen, sondern ineinander integriert, miteinander in Beziehung gesetzt werden wollen.
Wo das nicht gelingt, könnte es geschehen, daß die »tiefgründigen Feuersgluten unserer Leidenschaften« (von denen diese Dichtung spricht) uns und den andern verzehren, statt segensvoll gezähmt zu werden, so daß dem andern nicht höllisch heiß, sondern warm ums Herz wird.

Es ist schon recht, daß die ursprünglich ganz weltlichen Liebeslieder sich schon immer haben gefallen lassen müssen, auch geistlich gedeutet zu werden. Menschliche Leidenschaft und Liebe als Bild für die Liebe zu Gott und Gottes Liebe zu uns.
Greifen wir die Kernaussage dieses Liebesliedes heraus: Liebe ist stark wie der Tod.
Seltsam, diese beiden großen Worte miteinander in Beziehung zu setzen! Urworte menschlicher Existenz: Liebe und Tod.
Bei beidem widerfährt uns etwas, Liebe widerfährt einem – wie Geburt und Tod. Man hat keine Wahl. Weder wähle ich meine Eltern bei der Geburt, noch kann ich mein Aussehen, meine Gaben und Schwächen auswählen, noch die Zeit, in der ich zu leben habe.
Auch meinen Tod kann ich nicht wählen, weder die Stunde noch die Weise meines Sterbens – und selbst der Freitod ist letztlich doch nicht frei, sondern eher auch ein Widerfahrnis.
Und ähnlich widerfährt einem Liebe (auch wenn man sich dann irgendwann einmal füreinander entscheidet): unerklärlich, unbegreiflich. Warum jetzt! Und warum gerade diesen Menschen und keinen andern! Liebe ist wie Tod. Liebe hat tatsächlich mit Sterben zu tun: mit Selbsthingabe, Selbstaufgabe (wenigstens ein Stück weit), mit Selbstverzicht. Einen Teil meines Eigenwillens, meiner eigenen Freiheit, meiner eigenen Möglichkeiten gebe ich auf – um in der gefundenen Gemeinsamkeit dann desto größere Möglichkeiten, ungeahntes Neues zu finden.
Liebe – wie Tod – haben mit Opfer zu tun und mit Hingabe. Hingabe an den andern, Hingabe für ihn. Und immer ist der Tod für den, der glaubt, zugleich Ende und Anfang von Neuem, Wiedergeburt, Neuschöpfung – auch darin ist Liebe stark und schöpferisch wie der Tod.
Von welcher Liebe habe ich gesprochen?
Von Eurer Liebe – aber zugleich von Gottes Liebe zu Euch! – Gottes Liebe, von der Eure Liebe zueinander getragen ist.
Auch Gottes Liebe widerfährt einem unverdient, unerklärbar als Geschenk. (Ich habe als Jungverheirateter einmal das Stirnrunzeln eines gestandenen Theologen geerntet, als ich mich für seine Hochzeitsglückwünsche bedankte und ihm sagte, jetzt, da ich verliebt und frisch verheiratet sei, wüßte ich erst so richtig, was Gnade sei. – Wie gesagt: Stirnrunzeln meines Gegenüber! Dennoch: Ich steh auch jetzt noch zu dieser Ketzerei, wenns eine ist!)
Liebe ist stark wie der Tod: am stärksten ist Gottes Liebe im Tod Jesu Christi – da geschieht letzte Hingabe für uns, sein Tod eröffnet neues Leben, Auferstehung, Neue Welten.
Auch Gottes Liebe zu uns ist mächtig wie »Feuersglut und wie eine gewaltige Flamme«. Wem fällt dabei nicht ein, daß im NT Liebe als die größte der Gaben des Geistes Gottes gilt und in der Symbolsprache der Kirche rot die Farbe des Geistes Gottes und der Liebe ist – und die Feuerflamme als Symbol des Heiligen Geistes dient!

Ich wünsche Euch (von diesem Liebeslied Israels her) zu Eurer Hochzeit und für Eure Ehe die unauslöschliche, unwiderstehliche Feuermacht des Geistes und der Liebe Gottes, damit Eure Liebe zueinander nie verlöscht, der Strom der Zeit sie nicht fortschwemmt, Eure Liebe immer neue Auferstehung feiern kann, daß Eure Liebe bleibe, wie der Tod, aus dem neues Leben kommt, Leben in ungeahnter Fülle und Vielfalt. Amen.

Auffahren mit Flügeln wie Adler

Text: Jesaja 40,30+31
Trauung zweier verwitweter Eheleute, 75 und 68 Jahre alt.
Motto: »Es knospt unter den Blättern.
Sie nennen es Herbst.« (Hilde Domin)   *Arno Schmitt*

Liebes Hochzeitspaar!
Liebe Familien und Freunde! Liebe Gemeinde!
Daß sich zwei Menschen, er schon weit über 70 und sie knapp davor, zusammentun und ihren gemeinsamen Weg ganz offen und vor diesem Altar miteinander beginnen wollen, nein, oft kommt das nicht vor. Umso schöner, umso wichtiger auch, heute Nachmittag diesen Gottesdienst mit Ihnen feiern zu dürfen. Für mich selbst ist's eine Premiere. In der Vorbereitung auf diesen Augenblick ging mir so manches im Kopf herum. Immer wieder mußte ich an unser Gespräch denken, das wir neulich hatten, wo Sie mir so vieles mitteilten aus Ihrem Leben. Und auf einmal war auch die Geschichte wieder da, von der ich vor gar nicht allzu langer Zeit einmal hörte, die Geschichte eines Films, die Geschichte von Pipe:
Pipe ist ein alter Knecht, irgendwo auf einem Hof im Schweizer Wallis. Wie ein mißtrauischer alter Bär hockt er auf seinem nagelneuen Moped. Ein Leben lang war er geduldig gewesen und tat, was man so tat. Doch auf einmal, von einem Tag zum andern, kaufte er sich, sehr zum Erstaunen der anderen auf dem Hof, dieses Ding aus Krach und Rädern; monatelang mußte er darauf sparen, denn seine Altersrente war klein.
Wie damit umgehen, er wußte es nicht. Und auch daß es auf der Straße Kurven gibt, hatte ihm keiner gesagt, so war es mehr als nur einmal, daß er im Graben zum Stehen kam. Er lernte nur langsam, und Luigi, der Gastarbeiter, half ihm dabei. Doch bald war das Moped kaputt.
Ungebrochen derweil Pipes Sehnsucht zu leben. Und die ließ ihn alsbald ein Flugzeug besteigen, mit dem er sein ewiges Idol, das Matterhorn, umkreiste. Doch als er zurückkam, murmelte er nur: »Alles Kieselstein, alles

Kieselstein, aber – so schön!« Jetzt mußte es eine Kamera sein, mit der er, was er sah, festhalten wollte. So vieles nämlich war ihm wichtig geworden, jetzt, wo er anders zu leben gegann. So vieles, wofür er bisher gar keinen Sinn hatte, woran er bis heute einfach vorüberging. Ja, das ging soweit, daß er nicht nur die Felder, nicht nur die Ställe, nicht nur die Wiesen, nicht nur die Tiere, nicht nur die Menschen dort auf dem Hof neu wahrnahm, sondern die Pfützen auch auf den Wegen voller Schlamm, den Misthaufen sogar, den er die Jahre über von der einen zur anderen Seite trug …

»Kleine Fluchten« heißt der Film, dessen Geschichte ich ein Stückchen zu erzählen begonnen habe. Der Titel mag Ihnen fürs erste nicht viel sagen, doch ärgern Sie sich nicht! Ich mag Pipe, den Knecht. In ihm begegnet mir einer, der auch im Alter noch erkennt, daß er unterwegs ist. In den letzten Jahren treffe ich diese Menschen öfter, häufiger als früher. Der Mut, nicht auf der Stelle zu treten, sondern sich zu bewegen und sich zu verändern, sich und die Dinge, bisher lag das mehr bei den jungen Menschen. Doch mehr und mehr begegnen mir solche, die in die Jahre gekommen sind, die da nicht bleiben wollen, wo sie nun 'mal stehen. Die sich nicht begnügen mit der einfachen, geraden Linie von der Geburt zum Tod. Deren Lebenslinie plötzlich Sprünge bekommt und querläuft. Ob nun »Die unwürdige Greisin«, von der Bertolt Brecht einmal schrieb oder, durch und durch »Erfahrung vor Ort«, der Pensionär, der mit 75 seinen Doktor macht – oder eben Pipe, der sich im Alter aufs Motorrad schwingt und seine Kreise zieht. Die Anlässe, dem Leben auch in seinen späteren Räumen etwas zuzutrauen, auch an seinen Rändern, die Anlässe und Anstöße dazu sind vielfältig. Da macht wohl jeder seine eigenen Entdeckungen.

Wichtig nur, sie auch wirklich zuzulassen, sich der Bewegung, die da etwas vorhat mit meinem Leben, nicht zu verschließen! Es für gegeben zu halten, daß ich unterwegs bin, solange, bis es den Weg für mich einmal nicht mehr geben wird und ich am Ziel bin!

Die Bibel höre ich so sagen. Höre aus ihr die Erwartung heraus, ja, die Erwartung, wieder und wieder aufzubrechen und mich auf den Weg zu begeben. Und will es mir gesagt sein lassen: So sehr es darauf ankommen kann, standzuhalten und keinen Millimeter von der Stelle zu weichen, so entscheidend kann es sein, den Ruf zu hören und sie zu gehen, die »Spur ins unbekannte Land«.

»Immer unter freiem Himmel«, habe ich einmal gelesen: »Immer unter freiem Himmel, und die Flut mag hoch sein und die Wüste endlos schier. Doch nur so empfängt Noah den Ölzweig und Abraham das Land der Verheißung« (Gerhard Kiefel). Der Prophet im Alten Testament sagt es so: »Die auf den Herrn harren, kriegen neue Kraft, daß sie auffahren mit Flügeln wie Adler, daß sie laufen und nicht müde werden, daß sie wandeln und nicht matt werden …« (Jes 40,30f.). Und die Zeiten waren schlecht, weiß Gott, als er das sagte, und viele werden es nicht gewesen sein, die ihm glaubten. Auch Ihnen ja, liebe N.N., hat dieses Leben mehr als einmal nur zugemutet, alles aufzugeben, alles zu lassen, nichts mehr in Händen zu halten – auch an Hoffnung nicht mehr viel. Doch (ob »trotzdem« oder »gerade deshalb«, so ganz beurteilen mögen auch Sie das nicht): Sie haben nicht aufgehört, sich rufen zu lassen, sich an die Hand nehmen zu lassen, sich selbst an die Hand und in den Arm zu nehmen und sich, noch einmal, auf die Reise zu machen. Setzen auf den, der Ihnen sein Wort gegeben hat, Sie zu kennen und Sie »von jeher« zu den Seinen gezählt zu haben.

Am Ende, übrigens, mündet der Film von Pipe, dem alten Knecht, in ein schönes, fast poetisches Bild: Pipe fährt mit seinem »Traumding« auf der Landstraße immer weiter bergauf, und als er schon kaum mehr zu sehen und seine Maschine im Horizont schon fast verschwunden ist, läßt sie den Asphalt hinter sich und fliegt. Es ist das gleiche Bild, wie es der Prophet benutzt hat. Ja, es gibt sie, die »Fliegkraft«, die einem die Schwere nimmt, nein, die mich nicht fortnimmt aus der Wirklichkeit, deren Teil ich bin, ich und Sie und wir alle ..., doch mir etwas mitteilt von der getrosten Leichtigkeit. Die sie in Ketten legt, die Angst und die Sorgen und den Kleinmut und die tausend Gründe dagegen, die sich wie Bleigewichte an meinem Leben wieder und wieder festmachen und mich nach drunten ziehen. Lösen soll es sich, mein Leben. Lösen und sich entfalten und Strecke für Strecke ein Segen sein – bis Gott es wieder zu sich nimmt, zurück in den unendlichen Vorrat seiner Liebe. Amen.

Zwei Lebensfäden werden miteinander verknüpft

Texte: Römer 12,12 und Psalm 28,7　　　　　　　　*Hermann Otto Geißler*

Er: Bergmann, sie: Erzieherin; beide aus kinderreichen Familien, der Pfadfinderei verbunden; hatten verschiedene literarische Texte für die Trauung ausgewählt und erinnerten sich beide noch ihrer Konfirmationssprüche: Römer 12,12 und Psalm 28,7.

Liebes Brautpaar!
Beide Konfirmationssprüche haben Sie sich gewünscht als Leitworte für Ihre Trauung und für Ihr gemeinsames Leben. Das sind zwei Fäden, die miteinander verknüpft werden sollen. Hier der eine: »Seid fröhlich in Hoffnung!« Das mag wohl das Motto für diesen Hochzeitstag sein. Hochzeit ist ein Fest der Hoffnung. Wir feiern das Wunder der Liebe – allerdings nicht im Blick auf bereits zurückliegende Erfahrung. Die ist wohl auch wichtig und schön, aber sie ist sich selbst genug und braucht nicht dieses Fest. Wir feiern heute mit Ihnen, weil die Liebe Zukunft erschließt, neue

Räume eröffnet – für Sie selber, vielleicht für eine neue Generation – Räume, die wir noch nicht absehen und ermessen, sondern die Gegenstand von Hoffnung sind, von fröhlicher Hoffnung.

Zwei Lebensfäden werden miteinander verknüpft. Das ist wie beim Verknüpfen von Schnüren. Das Umeinanderschlingen ist schon erfolgt. Das hat bei Ihnen schon eine längere Geschichte. Heute wird der Knoten sozusagen straff gezogen, damit die Verbindung der Zukunft, der Belastung des Lebens standhalten kann.

Selbstverständlich ist es heute nicht, daß die Einrichtung der Ehe an sich schon die Dauerhaftigkeit des gemeinsamen Wegs garantiert. Lassen Sie es mich am Verknüpfen zweier Schnüre verdeutlichen. Die festeste Verbin-

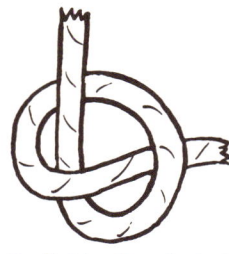

dung ist wohl das Verknoten beider Schnurenden in einem Doppelknoten. So wünschen wir uns und Ihnen die Verbindung. Aber mir scheint, als sei dies eher ein Bild für die Ehe der Vergangenheit, als die Eheleute noch eher bereit waren, den eigenen Anspruch an das Leben zurückzustellen zugunsten der Gemeinsamkeit und dabei von Gesellschaft und Elternhaus unterstützt wurden. Die Verbindung in unserer Zeit ist nicht so fest. Jeder soll und muß seine Individualität behalten, seinen beruflichen Wirkungskreis, seine Freunde und Interessen. Sinnbild dieser Verbindung ist vielleicht der Weberknoten.

Ein Schnurende dreht sich um das andere im gleichen Verhältnis, spiegelbildlich. Dieser Knoten ist schön ebenmäßig. Aber – und das mag bei Webern oder Seeleuten ein Vorteil sein – er läßt sich ganz leicht wieder lösen. Vielleicht müssen wir Menschen heute so leben, so abgewogen und vorsichtig, um uns nicht zu verlieren. Jeder soll in gleicher Weise glücklich sein; jeder soll die gleichen Rechte haben wie der Partner; das Zusammenleben soll schön geordnet, vergnüglich und heiter sein. Davon hängt der Bestand unserer Ehen heute ab.

Es gibt beim Verknüpfen von Schnüren noch ein Mittelding. Auch hier muß sich jede Schnur um die andere drehen, jedoch nicht ganz so geordnet und gleichmäßig wie beim Weberknoten. Die Verknüp-

fung ist hier eher zufällig beim ersten Blick, nicht so schön ebenmäßig, aber sie hält auch fest. Auf jeden Fall ist sie schwerer zu lösen als der Weberknoten. Ob das nicht für unser Leben ein Vorteil ist?

Ich deute den Vergleich so: Unsere Verbundenheit durch die Liebe, unser Zusammenleben in der Ehe kann sich nicht nur ausrichten auf das schöne Leben zu zweit. Es muß offen sein für das Zufällige, für die kleinen Dinge, ja auch für das Störende im Leben. Wer aus einer großen Familie kommt, dem braucht man nicht zu sagen, daß auch Kinder in gewisser Weise ein solcher Störfaktor der schönen Gemeinsamkeit zu zweit sein können. Aber die Gemeinsamkeit wird dadurch seltsamerweise nicht bedroht, sondern der Knoten wird eher fester durch das daran hängende Gewicht.

Es ist diese Offenheit für das Unberechnete, Zufällige, vielleicht sogar Störende, was in dem ersten Bibelwort auch angesprochen ist: »Seid fröhlich in Hoffnung, geduldig in Trübsal, haltet an am Gebet.« Da wird zu Ausdauer und Geduld aufgefordert. Das kann nur der tun, der weiß, daß die Erfüllung des Lebens nicht bloß im Gelingen großer Pläne und Wünsche liegt, sondern auch im Meistern von Widrigkeiten und in der Freude an den kleinen Dingen des Lebens.

»Die meisten Menschen verlangen zu viel im Leben,
mehr als es unter normalen Umständen gewähren kann.
Sie verachten die kleinen Freuden
auf der Jagd nach den ganz großen.
Die Kunst besteht aber darin,
diese kleinen Freuden überhaupt zu sehen,
zu finden und zu empfinden.« (B. H. Bürgel)

Nun möchte ich in diesen ersten Faden den zweiten hineinknüpfen:
»Der Herr ist meine Stärke und mein Schild,
auf ihn hofft mein Herz, und mir ist geholfen.«

Die beiden Fäden verknüpfen sich leicht. Auch hier ist von der Hoffnung die Rede. Aber das eigentliche Thema ist hier die Geborgenheit, die aus der Hoffnung erwächst. Ist es nicht die Liebe zueinander, von der Sie heute die Geborgenheit erwarten? Daß jeder sich in der Liebe des Partners angenommen und geliebt weiß, wie er ist, das ist die Grundlage für diese Erwartung. Aufrichtig miteinander umgehen und sich trotzdem auf die Rücksichtnahme und Zuneigung des anderen verlassen können, das soll die Regel für das Zusammenleben sein, wie Max Frisch es ausdrückte:
»Man sollte dem anderen
die Wahrheit wie einen Mantel hinhalten,
daß er hineinschlüpfen kann,
und sie ihm nicht wie einen nassen Lappen um die Ohren schlagen.«

Schutz und Verteidigung möchte jeder vom Partner erhalten, nicht nur nach außen, sondern auch gegenüber sich selbst. Stärke, Festigkeit und Lebensmut können daraus erwachsen. Wer wollte sich dies nicht erträumen? Gesagt aber ist es in diesem Bibelwort nicht von einem menschlichen Partner, sondern von Gott. Wohl deshalb, weil das Leben uns nie alle Träume erfüllt, weil wir auch als »Liebende von der Vergebung leben«, weil wir immer wieder die Hoffnung benötigen auf neues Vertrauen, neue Liebe, neue Geborgenheit. Deshalb ist es für uns als Liebende und Partner in einer Ehe wichtig zu wissen, daß Gott unser Leben begleitet, uns stärkt, schützt und Wege eröffnet, die wir vorher nicht sehen. Jesus Christus ist für uns der Eingang zu diesem schützenden Haus.

Dennoch kann es, wenn wir nicht einen der beiden Fäden vernachlässigen wollen, nicht nur bei dem Wunsch nach Geborgenheit bleiben. Diese Lebensgemeinschaft soll nicht dem Egoismus zu zweit einen gesicherten Raum schaffen, sondern soll Mut machen, herauszugehen und die Aufgaben des Lebens anzupacken, auch wenn nicht alles, was wir wünschen und erträumen, schon hundertprozentig gesichert ist. Das wagen zu können, ist eigentlich die Kraft der Hoffnung, zu der wir durch Jesus Christus befähigt sind. Von ihr sagt Dom Helder Camara:
»Die Hoffnung, die das Risiko scheut,
ist keine Hoffnung …
Hoffen heißt,
an das Abenteuer der Liebe glauben,
Vertrauen zu den Menschen haben,
den Sprung ins Ungewisse tun
und sich ganz Gott überlassen.«

Segen für Eltern und Kind

Texte: Jesaja 43,1 und 1. Korinther 13,13
Trauung und Taufe
Hans Jürgen Milchner

Neulich der Anruf bei mir im Pfarramt: Wir möchten unseren Sohn taufen lassen. Prima sagte ich, lassen Sie uns einen Termin und das Taufgespräch festlegen. »Aber das ist noch nicht alles«, so sagten Sie mir jedenfalls am Telefon, »heiraten – kirchlich heiraten wollen wir auch noch!« Ich habe damals ein ziemlich dummes Gesicht gemacht. Warum? Ich weiß es nicht. Ich freue mich aber riesig über Ihre heutige familiäre Doppelstrategie, ich freue mich, daß Sie als Familie mit Ihren Gästen heute zugegen sind.

Zunächst soll Ihr ganzer Stolz, der S., in diesem Gottesdienst getauft werden. Kinder zu taufen, das ist heute in unserer Zeit keine leicht verständliche Sache. Wie vieles bei uns in der Kirche muß auch die Taufe erklärt werden, damit man weiß, auf was man sich da eigentlich einläßt.

Einige Leute vertreten bei uns in der Kirche die Meinung, daß es doch eigentlich Unsinn sei, solch kleine Kinder zu taufen. Kleinkinder verstehen doch überhaupt von der ganzen Sache nichts und können auch gar nicht begreifen, was da an ihnen geschieht.

Aber wenn ich ihren kleinen S. so in Ihren Armen liegen sehe, warum sollte so ein kleines und winziges Geschöpf so bedeutungslos sein? Ich glaube, das Wunder von Gottes ganzem Schöpfungswesen kann man doch schon an so einem kleinen Kind ablesen.

Nun ist es klar, der S. versteht das ja wirklich nicht, was da heute in seiner Taufe geschieht. Aber Sie als Eltern und Sie als Paten haben jetzt mit dieser Taufe eine Aufgabe übernommen: Sie können dem Kind von dem Glauben berichten und diesen auch vorleben, so daß S. ihn später, wenn er 14 Jahre alt sein wird, selbst einmal bekennen kann.

Die Taufe feiern wir als Christen, weil Jesus es damals uns so aufgetragen hatte. Er sagte: Wenn jemand getauft wird, so ist er ein neuer Mensch und gehört zu mir. Auch der S. soll ab heute zu Jesus gehören, in seine Gemeinde hineingehören, auch Jesus möchte ihn liebhaben. Ich finde, das ist eine großartige Zusage, die Jesus uns da macht: Jeder, der getauft wird, darf dazugehören, in seine Gemeinde hineingehören.

Ich habe für den S. einen Taufspruch gefunden, der aus dem Prophetenbuch Jesaja stammt: »Fürchte dich nicht, denn ich habe dich erlöst, ich habe dich bei deinem Namen gerufen, du bist mein.« Möge sich dieser Wunsch an Ihrem Sohn erfüllen, und mögen unsere guten Wünsche ihn heute und sein Leben lang begleiten.

Liebe Familie M., nicht nur die Taufe von S. steht heute im Mittelpunkt dieses Gottesdienstes, sondern auch Ihre kirchliche Eheschließung. Ich muß sagen, ich habe Hochachtung vor Ihnen beiden, daß Sie beide diesen Entschluß gefaßt haben, sich auch nach dem standesamtlichen JA vor drei Jahren heute noch einmal das Ja-Wort in der Kirche zu geben.

Was die Ehe bedeutet, die Höhen und die Tiefen einer Ehe, das alles brauche ich Ihnen beiden nicht zu berichten, das alles haben Sie schon in der zurückliegenden Zeit erleben können. Für sich haben Sie sich ein bekanntes Trauwort herausgesucht, das dem 1. Korinther-Brief des Apostel Paulus entnommen ist. Zum Abschluß eines Hymnus auf die Liebe schreibt Paulus: »Nun aber bleiben Glaube, Hoffnung, Liebe, diese drei; aber die Liebe ist die größte unter ihnen.«

Ich bin sicher, daß dieser Vers gut zu Ihnen beiden paßt. Diese drei Dinge: Glaube, Hoffnung und Liebe wünsche ich Ihnen als Familie von ganzem Herzen für den weiteren Lebensweg:

- den Glauben, daß Sie Ihr Leben auch von dem christlichen Glauben getragen wissen können, ihn zu leben versuchen, ihn ernst zu nehmen, um daraus unendlich viel Lebens- und Liebesqualität zu schöpfen;
- die Hoffnung, daß Sie beide nie ohne Hoffnung sind, auch in schwierigen Zeiten immer Perspektiven und Hoffnungen haben möchten, daß Sie niemals alleine sind, sondern immer auch Menschen haben möchten, die Ihnen zur Seite stehen;
- und schließlich die Liebe, das Größte, so sagt der Apostel Paulus, die Liebe, die uns Christen erkennbar macht, denn Liebe und Nächstenliebe sollten eigentlich unsere Zeichen sein.

Ich wünsche mir für Sie beide und für Sie als Familie, daß diese drei Dinge: Glaube, Hoffnung und Liebe Ihnen niemals verloren gehen mögen, sondern daß diese drei Dinge auch für Sie weiterhin tragende Bestandteile für

Ihr Leben sein mögen. Gott segne Ihre Ehe heute und an den vielen Tagen, die Sie miteinander leben werden, er segne Sie und den lieben S. aus der Fülle seines Segens.

Hilfe zum Zusammenfinden

Text: Markus 10,6–9   *Martin Ost*

Ein Mann wird seinen Vater und seine Mutter verlassen. Was für ein hartes Wort dieser bekannte Vers ist, das merkt mancher erst, wenn es so weit ist und sein Kind aus dem Haus geht. Natürlich wünscht man ihm alles Gute, natürlich will man ihm nicht im Weg stehen – und doch kann man die Trennung kaum hinnehmen. So ist die Hochzeit von zwei Menschen nicht unbedingt für alle Gäste nur ein Freudenfest: mancher ist froh, wenn er die Trauung hinter sich hat, so bedrängend werden die Gedanken des Abschiedes.

Freilich: Ohne diesen Abschied geht es nicht; alle Eltern müssen ihn mitmachen, auch dann, wenn das junge Paar im Hause bleibt. Es ist wichtig für die neue Ehe, daß dieser Abschied vollzogen wird und sich jeder deutlich macht: dieser Mensch ist nun nicht mehr in erster Linie mein Sohn oder meine Tochter, sondern zuerst und vor allem Ehepartner dieses Menschen. Das zu begreifen ist darum so wichtig, weil ja zwei Menschen bei aller Liebe nicht so einfach zusammenpassen und sich nicht so zusammenfügen lassen, wie es sich in dem Bibelvers so leicht anhört. Da muß schon manches abgeschliffen werden, da muß man sich schon fügen, aufeinander einstellen, diese oder jene Angewohnheit ablegen um der neuen Gemeinschaft willen. Kurz gesagt: Diese beiden Menschen haben nun vor allem die Aufgabe, ihre Ehe miteinander zu bauen. Das ist schon darum schwer genug, weil jeder nicht nur sich selbst in die Ehe einbringt, sondern auch seine eigenen Vorstellungen von Ehe: Wie er es einmal machen oder ganz bestimmt nicht machen will, davon hat jeder so seine eigenen Gedanken. Sie müssen Vater und Mutter verlassen: das heißt auch, daß sie sich von deren Gewohnheiten und Traditionen lösen müssen und von deren Art miteinander umzugehen. Sie müssen ihren eigenen Weg finden. Damit die Ehe zu ihrem eigenen Haus wird.

Jede Ehe ist ein eigenes Haus und die anderen Hausbewohner dürfen da nicht hineinregieren, wenn es für die Eheleute bewohnbar bleiben soll.

An diesen Stellen wird die Trennung noch einmal sehr schmerzhaft deutlich: Wenn man mit ansehen muß, wie die jungen Leute ihre eigene Art zu leben haben, vielleicht andere Vorstellungen über Ordnung im Haus, vielleicht nach Urlaub fragen oder ganz anders essen und kochen, als man es gewohnt war und sicher auch in manchem die Kinder einmal anders erziehen werden. Das ist nicht leicht zu ertragen – und es ist doch wichtig, daß hier die Trennung klar ist: ist es auch tausendmal mein Kind – es ist ihre Ehe, ihre Familie – und was immer ich für mich und meine Ehe für richtig halten mag, das hat hier keine Bedeutung. Die beiden müssen miteinander ihr Haus bauen, so daß sie beide dabei zufrieden und glücklich sind.

Manche Scheidung beginnt schon da, wo die Alten die Jungen nicht auf ihre Weise leben lassen können. Sie dürfen für die jungen Leute beten – das ganz sicher. Und sie dürfen manchmal einen Rat geben, aber gehen Sie damit so sparsam um wie mit Salz: damit die Suppe, um es so zu sagen, gut schmeckt und nicht versalzen wird, die diese beiden auslöffeln wollen.

Manchem mag das alles viel zu drastisch, viel zu wenig stimmungsvoll und feierlich geklungen haben. Aber die Ehe ist Alltag und nicht Sonntag des Lebens. Und nur, wenn man es im Alltag miteinander aushält, kann man sich auch am Sonntag der Ehe freuen. Dann wird man die Ehe als einen Lebensraum genießen können, wo man es wirklich sein Leben lang gut aushalten kann. Es ist nicht immer leicht, sich diesen Raum zu schaffen und zu erhalten und es ist wichtig, das ganz nüchtern zu sehen, von allem Anfang an.

Als Hilfe ist Ihnen beiden der Segen Gottes gegeben: Gott will mit Ihnen sein und er gibt keinen von Ihnen beiden auf, so sagt der Segen. Im Augenblick des Zorns auf den anderen sollte man sich das manchmal laut vorsagen: Dieser andere Mensch, auf den ich im Moment so schlecht zu sprechen bin, ist einer, den Gott gesegnet hat. Er ist ein Kind Gottes, was immer ich im Moment in meinem Zorn auch über ihn denken mag. Sagt man sich das wirklich laut vor, sieht man den anderen gleich wieder mit anderen Augen an. Dann sucht man die Wahrheit nicht nur bei sich selbst, sondern fragt auch, worin der andere recht hat. Dann kan man sich wieder finden, kann vergeben und es miteinander neu versuchen. Nicht, um die Konflikte zuzudecken ist das wichtig, sondern eben darum: daß man sie wirklich im Einvernehmen miteinander löst.

Ein Letztes scheint mir auch noch wichtig: Es wird Tage geben auch in Ihrer Ehe, an denen Sie daran zweifeln, ob es denn wirklich Gott war, der Sie beide zusammengefügt hat. Dann scheint mir dies wichtig: Heute, mit seinem Segen, fügt er Sie zusammen. Unter diesem Segen werden Sie beide eins. Wirklich und wahrhaftig – er hat Sie zusammengefügt. Manchmal muß man sich vielleicht auch das laut vorsagen: er hat uns zusammengefügt und uns beiden seinen Segen gegeben. Und wenn man das dann ernst nimmt, kann man es wieder miteinander versuchen. Und gerade an solchen Tagen werden Sie merken, wozu die Ehe eigentlich eingesetzt ist: als eine Hilfe zum Zusammenfinden, als eine Hilfe, um es miteinander immer wieder zu versuchen.

Und dann werden Sie auch erleben, was die Ehe im Sinn Gottes ist: nicht ein Gefängnis, in dem wir alle Freiheiten aufgeben müssen, sondern ein Raum zu Leben, in dem Sie beide Ihr Leben finden sollen.

Dies möchte ich Ihnen wünschen: Dieses Glück des gemeinsamen Lebensraumes und die Erfüllung, das Getragensein vom anderen, gerade auch im Alltag des Lebens. Es wird Ihnen daran nicht mangeln – von Gott her jedenfalls nicht. Das sagt die Trauung in der Kirche, dafür ist sie gut. Gebe Gott, alle Ehepaare leben aus diesem Segen. Amen.

Licht scheint in der Finsternis

Text: Johannes 1,5   *Gabriele Suck*

Mittelaltes Paar, das seit 8 Jahren zusammenlebt; er, 47 Jahre, geschieden, schwerstkrank, ohne diese Frau wäre er gewiß zum Stadtstreicher geworden; sie, 49 Jahre, ebenfalls geschieden, ebenfalls schwerstkrank, von den drei Kindern aus erster Ehe sind zwei gestorben, ein dritter Sohn, 18 Jahre, geistig behindert, lebt bei ihr.
Die drei leben wohl überwiegend von Sozialhilfe, werden von unserem Diakonischen Werk betreut. Eine Woche vor der standesamtlichen Trauung rief mich eine der Betreuerinnen, eine Theologie-Studentin, an, erzählte mir von dem Paar und seinen Heiratsabsichten und bat mich, eine kirchliche Feier zu gestalten. Ursprünglich wollte das Paar das nicht, es war von der Kirche und besonders vom Ortspfarrer sehr enttäuscht. Der Studentin jedoch war es gelungen, sie davon zu überzeugen, daß der Segen der Kirche gut ist. Wie sie auf mich gekommen war, weiß ich nicht mehr; und obwohl Ostern war, konnte ich das Ganze schlecht ablehnen, hatte aber erst einen Tag vor der Trauung Zeit, das Paar kennenzulernen. Es ergab sich ein langes, sehr bewegendes Zusammensein, dem sich später weitere anschlossen. Der Mann, der bislang sehr unkirchlich gewesen war, ist sogar in den Gottesdienst gekommen, als er noch laufen konnte. Es war sehr, sehr gut, daß ich die Trauung übernommen hatte.

Liebe Festtagsgemeinde, liebes Brautpaar!
Ich möchte Ihnen eine kleine Geschichte erzählen. Der bekannte Pastor und ehemalige Regierende Bürgermeister von Berlin Heinrich Albertz stellte in seiner Weihnachtsansprache 1978 die Frage: »Was ist Licht?« Als Antwort erzählte er aus seinen Erinnerungen als Strafgefangener in den Kasematten der Festung Glatz. Da war er in einem Keller 8 Tage lang eingesperrt, der für 20 Mann gebaut war. Aber sie hatten 100 darin eingesperrt. 8 Tage lang, sagte Albertz, gab es kein Licht. Sie wollten uns damit mürbe machen. Aber wenn man genau hinsah, konnte man tagsüber durch die Ritzen der schweren Tür einen blassen Schein sehen. Und wenn wir zum Essenfassen herausgeführt wurden, waren wir wie geblendet. Licht, sagt Albertz abschließend, Licht erkennt man immer erst, wenn man die tiefste Finsternis erfahren hat. Licht ist dann Befreiung, ist Leben!

Mir fielen diese Erinnerungen Albertz ein, als ich die Tageslosung der Herrnhuter Brüdergemeine für heute las und dabei an Sie dachte, daß Sie heiraten würden und ich Sie trauen würde.

Diese Tageslosung lautet ganz schlicht: Das Licht leuchtet in der Finsternis!

Sie haben beide reichlich in Ihrem Leben erfahren, was Finsternis ist. Finsternis ist auf jeden Fall, wenn eine Ehe zerbricht, wenn man sein Kind verliert, wenn es einem vorenthalten wird, wenn Krankheit uns elementare Lebensvollzüge unmöglich macht. Die Finsternis hat viele Gesichter, oder sagen wir angemessener Fratzen. Wer sollte das besser wissen als jedes von Ihnen beiden.

Aber nun heißt es in der Tageslosung: das Licht scheint in der Finsternis. Ich denke, daß Sie beide auch die Erfahrung gemacht haben, was Licht ist, auch wenn es vielleicht schnell wieder erlosch. Aber der Augenblick z.B., in dem wir dem Menschen begegnen, dem wir unsere Liebe schenken, der Augenblick, in dem wir diese Liebe erkennen und sie uns eingestehen; wenn unsere Kinder geboren werden und sie uns anlachen, das ist doch Licht! Und wenn uns Menschen helfen, so wie Sie jetzt durch Fr. S. und Fr. J. Hilfe erfahren, dann ist das doch auch Licht; Licht freilich, das man wirklich erst dann erkennt, wenn man die tiefste Finsternis auch erlebt hat, wie jedes von Ihnen es hat tun müssen.

Doch unser Losungswort enthält noch mehr. Es sagt nicht: Das Licht vertreibt die Finsternis, sondern: Das Licht scheint in der Finsternis. Alle widrigen Umstände des Lebens bleiben. Alles, was in Ihrem Leben finster war und finster bleiben wird, wird nicht aufgehoben, weggewischt. Es verschwindet nicht einfach, Ihre Krankheit bleibt, die Sorge um den Jungen kann Ihnen niemand nehmen.

Aber in dieses Dunkel scheint ein Licht. Daß Sie beide einander gefunden haben, daß Sie Zuneigung füreinander spüren und bereit sind, das Schwere des anderen mitzutragen, das ist das Licht, das in Ihre Finsternis scheint.

Doch unsere Tageslosung wäre in ihrer Tiefe und vor allem auch in dem, was uns darin als Hilfe zum Leben zugesagt wird, mißverstanden, wollten wir das Licht nur in dem Bereich sehen, wo es um Menschen geht. Dieses Wort steht am Anfang des Evangeliums, das uns Johannes überliefert hat, und Joh meint mit dem Licht Jesus Christus. Joh nennt die ganze Welt ohne Jesus Christus Finsternis und meint damit: wer Gott und seine Liebe, mit der er die Menschen in Jesus Christus liebt, nicht kennt, der lebt in einer großen Finsternis, auch wenn seine Lebensumstände noch so vorteilhaft sein mögen. Umgekehrt dagegen: wer Gott und seine Liebe zu uns in Jesus Christus kennt und sie im eigenen Erleben festmachen kann, der ist im Licht, auch wenn seine Lebensumstände noch so unglücklich sein mögen. Dem scheint das Licht in der Finsternis, wodurch vieles an Schrecken und Schmerz verliert. An dieser Stelle muß ich einiges zur Liebe Gottes in Jesus Christus sagen.

Ostern liegt gerade hinter uns. Ostern feiern wir Gottes Ja zu Jesus Christus, zu seinem Leben, zu seinem Sterben, zu seiner Hingabe am Kreuz. Jesus hat ein Leben gelebt, in dem uns vieles unverständlich blieb. Warum mußte dieser eine so ungerecht sterben, der doch nur Gutes tat, sagte und dachte?

Im Leben Jesu erfahren wir, wer die Menschen, wer wir sind. Wir erfahren die Wahrheit über uns, immer bereit, das Gute anzunehmen, wenn es uns nützt, und ebenso schnell dabei, vernichtende, abschließende Urteile zu sprechen, wenn alle es tun. Zugleich sehen wir in Jesus Christus einen Menschen vor uns, der unter uns, wie wir sind, litt und nicht dagegen aufbegehrte. Jesus versuchte nicht, sein Recht durchzusetzen, er kämpfte nicht für sich. Er legte sich vielmehr ganz und gar in Gottes Hand und überließ es Gott, ihm zu seinem Recht zu verhelfen. Auch das Unrecht, das ihm geschah, übergab Jesus Gott. Er hoffte und glaubte, daß Gott alles für ihn zum Guten wenden würde. Das heißt nicht, daß Jesus der Kummer nichts ausgemacht hat. Der Evangelist Markus überliefert uns einen erschütternden Schrei der Gottverlassenheit Jesu.

Gott hat am Ende Jesu Selbstverzicht gewürdigt. Er hat ihn zu einem neuen Leben auferweckt. Damit läßt Gott uns wissen: Es gibt in Eurem Leben kein Leid, keine Not, kein Elend, in dem Ihr Euch gottverlassen wähnen müßt. Ich bin in allem Leid. Ich bin da, wo ihr leidet, an euch selbst, an dem Unrecht, das euch geschieht, an der Krankheit, gegen die ihr euch nicht wehren könnt. Ich bin da! Seht auf Jesus, dann wißt ihr es!

Weil das so ist, liebes Ehepaar, darum sollt auch Ihr sehen, wo Ihr Gottes Liebe, sein Mit-Euch-Sein in Eurem Leben erkennt. Oft ist das gar nicht so einfach. Das liegt dann wohl an den Erwartungen, die wir an unser Leben haben. Aber Gott hat uns ja nicht versprochen, alle unsere Erwartungen zu erfüllen. Seine Verheißungen will er erfüllen, und die eine haben wir heute gehört: Das Licht scheint in der Finsternis!

Daß das Licht der Liebe Gottes zu Ihnen in Ihrem gemeinsamen Leben hell und unübersehbar leuchte, ist mein Wunsch für Sie, und daß dann Finsteres nicht auf ewig finster bleibt, möge eine Erfahrung werden, die Sie bald machen können. Gott segne Ihr gemeinsames Leben mit seiner wärmenden und leuchtenden Liebe. Amen.

Gott schenkt das tägliche Licht

Text: Johannes 8,12   *Hans-Jürgen Benedict*

Die Frau ist geschieden, hat eine 6jährige Tochter; der Mann ist Polizist. Sie haben längere Zeit zusammengelebt.

Liebes Brautpaar!

Wenn heute morgen die Sonne nicht aufgegangen wäre, das hätte eine schöne Bescherung gegeben. Wahrscheinlich ständen wir dann nicht hier. Katastrophenalarm, Unabkömmlichkeit zumal für Polizisten, Standesamt geschlossen etc.

Wie gut, daß wir das Licht haben, die Sonne, die uns wärmt und am Leben erhält. Ohne Licht zu sein, ein schrecklicher Gedanke! Nach langen dunklen Wintermonaten sehnen wir uns nach hellen und wärmeren Tagen, wird die Sonne beschworen, werden Feuer entzündet. Und von Licht und Dunkelheit reden wir auch in übertragenem Sinne: wenn wir schwere Dinge erleben, dann sprechen wir von finsteren Zeiten, von der Dunkelheit und Nacht, die uns umgibt. Wir alle müssen durch solche Zeiten hindurch, manchmal kurz, manchmal länger, wie ein Tunnel ohne Ende. Aber der Volksmund sagt auch: Und wenn du meinst, es geht nicht mehr, dann kommt von irgendwo ein Lichtlein her. Ein kleines Licht nur gibt uns Hoffnung, eine winzige Kerze in einem dunklen Raum verbreitet Zuversicht, eine Aufmerksamkeit, eine Geste, ein Zuspruch können der Anfang der Wege aus der Finsternis sein. Wir brauchen nicht nur das Licht der Sonne; wir brauchen auch das Licht, das unserem Leben einen Sinn gibt, es hell macht, das Licht, das uns den Weg aus der Finsternis zeigt. Wir Christen sagen: Christus ist dieses Licht. Sie haben dieses Wort als Trauspruch gewählt. Christus ist das Licht. Wirklich Christus? Sind das nicht ganz andere Dinge, die unser Leben licht und leicht machen und die unsere finsteren Mienen aufhellen? Ich nenne ein paar, die auch wichtige Voraussetzungen für eine junge Ehe sind. Also zum Beispiel gesicherte Arbeitsplätze, guter Verdienst, eine schöne Wohnung, sich gut ergänzende Freizeitinteressen, ein großer Freundeskreis, nette Schwiegereltern und Verwandte, das Leben in einem Land, in dem Friede und Wohlstand herrscht, eigene Attraktivität, Anerkennung von Seiten der Kollegen. Wo das alles vorhanden ist, da ist Licht in unserem Leben und wenig Dunkelheit. Zumindest sind das die Rahmenbedingungen für eine gelingende Ehe. Und wenn dann die gegenseitige Liebe und Treue stark und unverbrüchlich ist, dann ist das doch wirklich ausreichend. Christus das Licht – das paßt da gar nicht hin.

Klingt fremd in unserer modernen Welt, in der das Glück machbar erscheint und wir den Segen, das Gelingen des Lebens selbst bewerkstelligen. Aber nun sind wir hier in der Kirche, wir reden von Christus dem Licht, nun erbitten wir den Segen Gottes für euch, das frisch vermählte Paar. Also muß ja doch etwas daran sein. Also ist dieser Zwischenschritt, diese Feier mit den alten Worten und Liedern doch mehr als eine romantische Angelegenheit, weil es eben so schön ist, wenn die Braut in Weiß mit ihrem Auserwählten vor den Altar tritt, die Orgel rauscht und die Augen feucht werden. Ja, warum werden sie denn feucht? Weil es schön ist, das Glück zweier Menschen zu sehen, weil Erinnerungen aufsteigen an ähnliche Situationen im eigenen Leben, weil wir spüren, daß das etwas Besonderes ist, dieses Treue-Versprechen. Weil wir aber auch spüren, was nicht gelungen ist, was versagt wurde, was fehlgeschlagen ist. Weil wir wissen: so ganz haben wir es doch nicht in der Hand, das Gelingen der Dinge, die wir uns vornehmen. Weil es gut ist, sich in dieser Situation an Gott als die uns tragende Macht unseres Lebens zu erinnern. Gott, der die Welt ins Sein rief, der sprach: es werde Licht am Anfang der Welt und es ward Licht, dieser Gott ist es, der uns trägt und erhält, auch wenn wir es nicht immer spüren. Und von seiner Liebe, von seinem Ja zu uns Menschen leben wir, auch wenn wir das oft vergessen. Dadurch ist ein lebensbejahender, liebender Grundzug in unser Leben gekommen. Gott ist keine feindliche Macht, Gott liebt die Menschen, Jesus Christus hat uns diese Botschaft gebracht, als Licht in die Dunkelheit, deswegen können wir einander lieben, einander Licht und Wonne sein. Weil dieses Licht der Gottesliebe uns erleuchtet, können wir wie ein helles Licht Liebe ausstrahlen.

Als ich euch besuchte, habe ich dieses Licht gespürt. Ihr habt zueinander gefunden als zwei Menschen, die von verschiedenen Ausgangspunkten gekommen sind, mit verschiedenen Erfahrungen, darunter auch leidvollen, was das Zusammenleben von zwei Menschen betrifft. Aber ist es nicht schön, wenn zwei sich finden, von denen die eine schon Scheitern hinter sich hat und sagt: aber ich verzage nicht, ich traue Gott und dem Leben, daß es mir ein zweites Mal gelingt. Und wenn der andere sagt: nun ist Schluß mit dem Suchen und Ungebundensein. Jetzt gilt es, trotz negativer Erfahrungen, die er bei ihm sehr Nahestehenden erlebt hat. Ich finde es gut, daß ihr es in diesem Vertrauen miteinander wagt, und nicht nur ihr beide, Denise ist ja auch dabei und sagt auch Ja dazu und freut sich mit euch. Euer Suchen hat sein Ziel gefunden. Wir können hell und licht sein, uns freuen und leicht fühlen, weil Gott uns so geschaffen hat und dieses Band in Christus erneuert hat. Er trägt uns durch dunkle Zeiten, durch Verzagen und Schuld, wenn wir uns dessen bewußt sind. So kann Christus euer Licht sein, nicht nur die Notbeleuchtung, wenn alles andere ausgefallen ist, sondern das tägliche Licht. Gott schenke euch dieses tägliche Licht – sei 5 Minuten still, hör mal'n beten to, denkt mal daran, was der Grund eures Lebens und eurer Liebe ist, Gottes Liebe, die uns Menschen liebesfähig macht.

Was heißt das? Ich will es am Schluß am Beruf des Bräutigams verdeutlichen: Die Polizei sagt ja von sich, sie sei unser Freund und Helfer. Aber dieser Satz gilt nicht grenzenlos. Wenn jemand Gesetze übertritt, muß sie einschreiten, ihn dingfest maschen, ihn einer möglichen Bestrafung zuführen. Und das alles aufgrund der festgelegten Regeln und Gesetze. Christi Gesetz ist als Gesetz der Liebe anders. Da geht es nicht nach der Regel: Wenn du das tust, tue ich das. Oder: Wenn du das nicht tust, dann passiert das und das. Gottes Liebe ist bedingungslos – und davon dürfen wir uns in unserem Beziehungsalltag anstecken lassen. Denn in jedem von uns steckt etwas von dieser verzeihenden und positiven Kraft Gottes, wir sind Teil seines Lichtes. Daß ihr das nicht vergeßt in eurem Alltag, das wünsche ich euch. Amen.

Eine dreifache Aufforderung zum Widerstand

Text: Römer 12,1–3 *Christian Zippert*

Liebes Brautpaar!
Etwas merkwürdig klingt dieses Wort an diesem Tag. Aber Ihr habt es
Euch ausgesucht, und nun muß ich es auslegen. Vielleicht ist es ja wirklich
merkwürdig für die Zeit, die vor Euch liegt. Ich höre es als eine dreifache
Aufforderung zum Widerstand.

»Stellt euch nicht dieser Welt gleich«, sagt Paulus. Wenn man es genauer
übersetzt: Laßt euch nicht dieser Welt gleichstellen, gleichschalten, gleich-
förmig machen. Eine Warnung vor Konformismus in der Ehe. Es ist der
Lauf der Welt, daß zwei irgendwann einmal heiraten, wenn sie sich liebge-
winnen. Und dann geht es irgendwie weiter, mehr oder weniger zwangsläu-
fig. Es gibt viele alte Muster für das Leben in der Ehe, auch manche neue
Moden, und beiden haben Macht über uns. Und wenn es um die Ehe einer
Pfarrerin und eines Pfarrers geht, sichtbar vor aller Augen geführt, mit
Neugier beobachtet, dann kommen da Erwartungen ins Spiel, die einen
einengen und einzwängen können. Ich brauche das, denke ich, nicht näher
zu umschreiben. In diese Gedanken und diese Gefühle hinein das Wort des
Paulus: Leistet Widerstand! Sucht Euern Weg, die Ehe zu gestalten. Einen
ganz eigenartigen, unverwechselbaren Weg. »Es gibt einen Weg, den niemand gehen kann außer dir. Frage nicht, wohin er führt, sondern gehe
ihn!« (Nietzsche). Ein Wort, das mich lange begleitet; ich denke, es gilt
auch für den gemeinsamen Weg einer Ehe.

»Ändert euch durch Erneuerung eures Sinnes«, sagt Paulus. Genauer:
Laßt euch ändern, laßt euch verwandeln, laßt euch erneuern – je jetzt je
neu. Eine Warnung vor Immobilität, vor Unbeweglichkeit. Es gibt Gefahren nicht nur von außen, sondern auch von innen. Nicht nur bei den anderen, sondern auch bei uns selbst. Kopf und Herz sind gleichermaßen
schwach, schnell müde und schnell am Ende. Unsere Beweglichkeit, ich
meine unsere innere Beweglichkeit, hält sich in Grenzen. Wir sind sehr viel
stärker festgelegt, als wir meinen. Wir merken es manchmal im Laufe der
Jahre, wie festgelegt wir sind durch unsere Geschichte, durch unsere Erzie-
hung, durch unsere Umwelt. All das, was von außen auf uns eingewirkt hat,
ist in uns drin. Und es hat Macht über uns. Leistet Widerstand, sagt Paulus.
Haltet euch offen, bleibt beweglich, widerlegt das schreckliche Wort: »Der
Mensch ist ein Gewohnheitstier«. Wenn er wirklich Mensch wird, der
Mensch, kann er frei werden, auch von fest eingeprägten Gewohnheiten.

Und schließlich: »Prüft, was Gottes Wille ist, nämlich das Gute und Wohl-
gefällige und Volkommene.« Eine dritte Warnung, eine Warnung vor
Orthodoxie. Vor einem Glauben, der immer schon weiß, was gut und rich-

tig, was falsch und schlecht ist. Vor einem Glauben, der viel von Ordnung und wenig von Freiheit zu sagen weiß. Vor einem Glauben, der mehr durch Gehorsam als durch Vertrauen gekennzeichnet ist. Leistet Widerstand, sagt Paulus. Prüft immer von neuem, was Gottes Wille ist. Nicht nur in ernster Reflexion und Diskussion, sondern auch im freien Spiel der Gedanken und Gefühle. »Wo keine Freiheit ist, wird jede Lust getötet« (Schiller). Auch die Lust an Gott.

Eine dreifache Aufforderung zum Widerstand. Ihr habt sie hören wollen, nun habt Ihr sie gehört. Eine Aufforderung zu viel Gedankenarbeit, Seelenarbeit, Gesprächsarbeit. Woher die Kraft, der Mut, die Ausdauer für viele Jahre, für Jahrzehnte, wenn Gott will? Ihr feiert Hochzeit am Vorabend des Pfingstfestes: Ein Zeichen dafdür, daß Ihr Euch angewiesen wißt auf Gottes Geist. Es ist wahr: Wir sind angewiesen auf Gottes Geist, auch und besonders in der Ehe, weil unsere Kraft, unser Mut, unsere Ausdauer nicht ausreichen. Wo Gottes Geist zu finden und zu bekommen ist? Der Gottesdienst, den wir jetzt feiern, ist eine anschauliche Antwort auf diese Frage: Wir finden ihn im Hören auf das verkündigte Wort, im Empfang der Sakramente, im Gottesdienst der Gemeinde, im einsamen, hin und wieder auch im zweisamen Gebet, im Gespräch mit Angehörigen und Freunden, nicht zuletzt in der Musik. Die soll nun wieder erklingen. Amen.

Laßt alles in der Liebe geschehen!

Text: 1. Korinther 16,14   *Gerhard Schnath*

Er Hausmann, weil stellungslos, Musiker; Sie Verdienerin, beide Akademiker.

Liebes Brautpaar,
das sagt sich so leicht: Alle Eure Dinge. Und Liebe ist ja oft nur ein Wort – abgedroschen, verbal wie melodisch abgenutzt bis zur Unkenntlichkeit. Aber das Wort wäre wohl nicht so mißbrauchbar, wäre die Verwirklichung von Liebe nicht ebenso Ursehnsucht wie offensichtlich so schwierig. Wilhelm Busch hat das in seiner humorigen aber gleichwohl bissigen und darin zutiefst pessimistischen Art trefflich und treffend so skizziert:

Ihre Liebe war nicht geringe, sie wurden ordentlich blaß.
Sie sagten sich tausend Dinge, und wußten immer noch was.

Sie mußten sich lange quälen, bis endlich es kam dazu,
daß sie sich konnten vermählen. – Jetzt haben die Seelen Ruh:

Bei eines Strumpfes Bereitung sitzt sie im Morgenhabit,
er liest in der Kölnischen Zeitung und teilt ihr das Nötige mit.

Und dennoch – und ich sage das mit dem glaubenden Trotz des psalmistischen »Dennoch« –: Auch die abgegriffenste Münze behält ihre Valuta, solange sie nicht außer Kurs gesetzt, in ihrem Wert mißachtet oder verkannt wird und so ungenutzt bleibt.

Zu solchem Nutznieß aber, zu solchem Nieß- statt Mißbrauch will Paulus gerade in dem Wort, das Ihr Euch für diesen Tag gewählt habt und für den gemeinsamen Weg, ermuntern, ermutigen, ja geradezu anstiften.

Dreierlei ist mir bei diesem Text aufgefallen:

Laßt es geschehen.

Liebe ist nicht machbar.

Wenn irgendwas in dieser Welt mit all ihren schier unbegrenzt erscheinenden wissenschaftlich-technologischen Möglichkeiten und Fertigkeiten – dann ist jedenfalls Liebe nicht machbar. Keine Formel noch deren Anwendung setzt sie naturgemäß aus sich heraus, auch keine psychologische oder psychokinetische. Kein manipulatorischer Trick vermag sie hervorzubringen oder gar hervorzuzaubern. Man muß sie geschehen lassen. Sie ist Geschenk.

Liebe ist folglich auch nicht kommandierbar.

Wenn irgendwas in dieser Welt mit all ihren Herrschafts-, Abhängigkeits- und Anpassungsverhältnissen – dann ist jedenfalls Liebe nicht kommandierbar. Keine Macht, weder in noch jenseits dieser Welt, kann sie befehlen. Davon zeugt und dafür steht Geschichte und Geschick des Alten Testaments. Man muß sie geschehen lassen. Sie ist Datum, Vor-Gabe »extra nos« – oder sie ist nicht, ist Nichts.

Darum: Laßt sie geschehen.

Paulus ist – und mit ihm bin ich – überzeugt, überzeugt aus selbst gemachten Erfahrungen: Das Geschenk der Liebe ist da. Sie ist eingestiftet extra nos in diese von Lieblosigkeit tödlich bedrohte Welt. Ihr geschichtlich festzumachendes Datum heißt: Jesus von Nazareth.

Laßt sie, laßt alles in der Liebe geschehen, das heißt: Gebt diesem Jesus, gebt seinem Geist Raum. Laßt ihn zu unter Euch. Setzt Euch seinem Wirken aus. In allem!

Das ist das:

In allem laßt es geschehen!

Ich muß pars pro toto reden, exemplarisch gleichsam. Die Fülle des »in allem« – wer wollte, wer könnte sie ausschöpfen? Dazu reicht nicht einmal ein ganzes Menschenleben. Also zum Beispiel:

im Vergeben.

Nachsichtigkeit ist zu wenig! Wer alles, was in ihm gegen den andern hochkommt, ständig hinunterschluckt, kränkt seinen Magen und verdirbt auf die Dauer auch dem andern den Appetit. Wo Menschen die Konflikte, die zwischen ihnen notwendigerweise entstehen, ständig unter den Teppich kehren, da kann es gar nicht ausbleiben, daß irgendwann und dann vermutlich aus nichtigstem Anlaß und bei unpassendster Gelegenheit der ganze alte Staub in fataler Weise auf einem Male aufgewirbelt wird und die Beziehungen erst recht vergiftet.

Vergeben heißt der Zündschlüssel, der das Miteinander »in der Liebe geschehen« läßt, der Liebe in Gang setzt, ihre Kräfte in Bewegung bringt. Nicht also: Schwamm drüber! Nicht: Fünfe gerade sein lassen. Schon gar nicht: Kollossale Anstrengung, die doch nur verdrängt.

Glauben, christlich glauben zumal wird ja erschreckend oft mit solchem Kraftakt verwechselt. Und entsprechend sieht es dann selbst unter Christen aus. Nein: Geschehen lassen.

Wie anders wäre das möglich, wenn Liebe nicht mehr als ein idealistisches Abstraktum wäre? Liebe, die einer geschehen läßt, hat einen Namen: Jesus. An ihn kann man sich, an ihn kann man die wechselseitige oder gemeinsame Last ver-geben. Laßt das geschehen!

Oder beispielsweise
im Neuanfangen.

Gott bewahre Euch vor Langeweile. Um es, auf Euch abgewandelt, noch einmal mit Wilhelm Busch zu sagen:

»Bei eines Essens Bereitung sitzt er im Küchenhabit;
Sie liest in der Marburger Zeitung und teilt ihm das Nötige mit.«

Aber: Wie soll man sich ein Leben lang ertragen? Ohne Veränderung, ohne täglich neue Chance zum ändernden, korrigierenden, heilenden Neuanfang könnte ich mich selber nicht einmal ein Leben lang ertragen. Und vielleicht, daß die erschreckend zunehmenden Suizid-Versuche unter uns signalisiert, daß dies keine Privaterfahrung ist.

Darum: Laßt das Geheimnis der Liebe unter Euch geschehen. In ihr, in ihm, dessen Namen sie trägt, gibt es kein Festnageln – weder auf selbstverursachte noch auf fremdverschuldete Konstellationen unseres Lebens. Wo Liebe geschieht, öffnet sich jeden Tag eine neue Zukunft. In ihr kann das Abenteuer »Liebe« gelingen. Auch das Abenteuer Ehe. In ihr gelingt es sogar über den Tod hinaus: Eröffnete Zukunft.

Laßt das, laßt sie, laßt alles in der Liebe geschehen.

Und nun:
In der Liebe also.
Nicht in irgendeiner.
Nicht in einer Liebe, die sich mit Gefühlswallungen verwechselt. Die Liebe, die Paulus meint, geht jedenfalls nicht in Romantik auf.
Auch nicht in einer Liebe
die – wenn auch noch so ästhetisch oder ohrwürmig – sich als Schall und Rauch erweisen muß. Die Liebe, von der Paulus redet, transzendiert selbst die herrlichsten Klänge der Frau Musica.

Viel mehr:

In der Liebe – so meint Paulus – »die sich in Jesus offenbart«.

ER, exemplarischer Widerschein des wirklichen Gottes, des Urgrundes allen Lebens, das diesen Namen verdient – Jesus hat Liebe nie zu produzieren versucht noch verlangt, noch weniger hat er sie je kommandiert. Er selbst hat sie geschehen lassen:

In einer grenzenlosen und unaufhörlichen Zuwendung zum Mitmenschen. Nicht einmal Spott, Verfolgung und Todesurteil haben ihn davon abhalten können. Und seine Zuwendung galt und gilt denjenigen zumal, die alleingelassen waren, ausgestoßen, die sich verfranzt hatten, selbst vernagelt, festgenagelt, verrannt – oder die man ins Abseits gestellt hatte. Heute braucht er für solche Zuwendung Menschen, die sie in seinem Namen vollziehen, braucht er Euch dazu – auch und zuerst für- und aneinander. In dieser Liebe laßt alles, alles geschehen. Alle Eure Dinge. Das wünsche ich, das erbitten wir alle hier Euch an diesem Tage. Für alle Tage. Amen.

Liebe will zuarbeiten

Text: Galater 5,13   *Dieter Schupp*

Zunächst will ich ein paar andere Wörter für »dienen« suchen; nicht, weil ich von dem Wort wenig halte, sondern um deutlich zu machen, was es eigentlich meint.

Die anderen Wörter, die mir eingefallen sind –: Da sein, dem anderen zuarbeiten, für ihn nützlich sein, ihm zurechthelfen, eine Last abnehmen, eine Hilfe sein ...

Soll ich nun auch andere Wörter für »Liebe« suchen?

Ihr schaut mich verwundert an, so als wolltet ihr sagen: »Also in Sachen Liebe kennen wir uns aus. Man muß uns weder sagen, was Liebe ist noch was sie will und tut.«

Ich werde mich hüten, ich widerspreche euch nicht.

Aber all denen will ich widersprechen, die der Liebe nichts mehr zutrauen: den Verbitterten, den Enttäuschten, den Ernüchterten. Sie haben die Liebe kennengelernt und auch erfahren, sie, die in jedem Schlager zitiert wird, jedem Roman, jedem Film, zuweilen bis zum Überdruß, und immer als Gnadengeschenk, als eine Himmelsmacht, unverdient uns geschenkt und gut und ganz schön.

Aber dann hat sie sich rar gemacht, die Liebe. Sie haben ihr einmal zu viel zugetraut, damit ist es jetzt vorbei. Man hat so getan, als sei sie unverlierbar.

Aber der Weihnachtsmann kommt auch nur solange, wenn man noch an ihn glaubt. Wer nicht glaubt, daß es ihn gibt, muß sich nicht wundern, wenn er leer ausgeht.
Anders gesagt: aus dem Topf der Liebe kann man, auf Dauer, nicht mehr herausnehmen als man selber hineintut.
Wer einen Merks für Religion hat der weiß, daß unsere Liebesmöglichkeiten nicht allein in uns liegen. Und noch etwas anderes: Es gibt eine Vielfalt der Spielarten. Auf der Bühne, im Film werden sie gemeinhin als eine einzige reduziert: die romantische Liebe. Zwei hübsche, junge Menschen treffen sich, es drängt sie zueinander über allerlei Hindernisse hinweg, und am Ende finden sie sich, fallen sich glücksstrahlend in die Arme, lassen einander nicht los.

So wollen wir es immer wieder sehen, auf dem Bildschirm, auf der Leinwand: nichts stört, nichts ärgert, keine Bedenken gibt's und auch keine Konflikte. Jeder gibt jedem zu erkennen: Nur du bist es, den ich gesucht und nun auch gefunden habe. Ich will niemanden sonst und nie eine andere als dich. Ewiges Lächeln, glückliches Händchenhalten, seliges Beisammensein …
Die Wirklichkeit sieht anders aus.
Ein unfreundliches Wort, früh am Morgen, eine versalzene Suppe, ein Streit um Kaisers Bart am Abend und ein entschiedenes Nein, später dann, kurz vor Mitternacht.
Es kommt heraus: keiner entspricht dem Idealbild der romantischen Liebe. Man nennt das mit einem etwas altmodischen Wort: Reife.

Wir alle sind nicht bloß verschieden, wir haben auch unterschiedliche Gaben, Fähigkeiten und Möglichkeiten.
Fehlt nur eins: daß wir uns das gegenseitig zugestehen.
Ich so und du so.
Je vielfältiger zwei Menschen sind, desto besser ist es für sie. Und, ich glaube: desto nützlicher (das Wort sage ich ganz bewußt) sind sie am Ende der Gemeinschaft, die sie eingegangen sind.
Es lebe der Unterschied.
Der Unterschied zwischen Mann und Frau, zwischen Haus und Haus, Liebe und Liebe. Weg von der Gleichmacherei, sie will uns nur eine Norm auferlegen, die der Liebe nicht bekommt.

Weg auch von aller Illusion, die einem einreden will, daß man etwas anderes sei als man ist, und zwar meistens etwas Besseres. Darauf läßt sich kein Leben aufbauen, ein gemeinsames schon gar nicht.

Liebe verleitet zum Träumen und Schwärmen, aber sie befreit auch von Illusionen, die nicht halten, was sie versprechen.

Mit einem anderen Menschen zusammenleben heißt: eine Unerträglichkeit tragen, aber nicht alles allein auf sich nehmen wollen; mit dem Leben spielerisch umgehen, aber ab und zu, wo es geraten ist, Nein zu sagen; wissen, daß man ein Recht darauf hat, mit seinem Latein am Ende zu sein, aber es gibt unzählige Möglichkeiten, um sich dennoch zu verständigen; zugeben, daß man nicht ohne Widersprüche ist, aber deutlich machen, daß das Ja wirklich ein Ja ist; nicht nervös werden, wenn alle Kategorien zerplatzen, aber dafür sorgen, daß der andere, der anders ist, mit mir rechnen kann; die Dinge nehmen, wie sie kommen, aber sich an dem Gelingen kleinerer Schritte erfreuen; die Dinge, wenn sie kommen, beim Namen nennen, aber die Zeit aufbringen für den Menschen, der mich braucht: meine Zeit, meine Zuwendung, meine Zärtlichkeit.

Das ist das Besondere der Liebe, die darauf bedacht ist, für den anderen da zu sein, die ihm zuarbeiten will und eine Hilfe sein möchte: daß sie keine Phrasen hören will. Anders gesagt: daß sie »aber« sagen kann, allen Einwendungen, Bedenken und Enttäuschungen zum Trotz.
»Aber ...«
Ich so: verwundet, leer, geschmäht, schwach. Du so: verletzt, einsam, wütend, klein ...
Aber du und ich. Gemeinsam sind wir stark!
Wenn du etwas allein nicht schaffst, dann kannst du auf mich zählen. Und wenn ich vor einem Berg stehe, dann weiß ich, daß du mich nicht allein läßt. Nur dies! Und dies ist nicht genug?

Ich weiß, die heiligen Stichwörter wie Gott oder Christus, Glaube oder Hoffnung, fehlen.
Aber wer sich ein bißchen auskennt in der Bibel, der weiß, daß von ihnen unentwegt die Rede war, auch da, wo sie nur am Rande vorkamen.
»Durch die Liebe diene einer dem anderen.«
Die Liebe gibt niemanden auf, wird mit keinem Menschen fertig. Sie kann schön und gut und himmlisch sein, aber auch trotzig, tapfer und tollkühn. Lauter Eigenschaften, die wir brauchen, um leben zu können. Und ohne sie verkümmert das Leben mit der Zeit.
Wir aber sind nicht dazu da, um das zu fördern. Im Gegenteil. Das Leben fördern, bereichern, verschönern, lebenswert machen, das ist unsere Aufgabe und außerdem der Sinn des Lebens überhaupt.

Tragen, ertragen, tolerieren

Text: Galater 6,2   *Günter Scholz*

Trauung eines Soldaten, der gleichzeitig Mitglied einer studentischen Korporation ist. Konfessionsverschiedene Ehe.

Seitlich vom Altar stehen, zur Gemeinde gewandt, drei Bundesbrüder, der mittlere als Fahnenträger, rechts und links von ihm je einer mit Säbel. Während der Traufrage und dem sich anschließenden Ringtausch werden die Säbel gekreuzt und die Fahne gesenkt. Die so dargestellte Trauzeugenschaft symbolisiert zugleich, daß der Ehebund von derselben Kraft und Dauer ist wie der Lebensbund der Korporation.

Liebes Brautpaar, liebe Gäste!
Lassen Sie mich mit einer Geschichte beginnen. Sie kann vielleicht im Zusammenhang mit Ihrem Trauspruch zu einem inneren Bild werden. Um das Jahr 1140 residierte auf einer Burg bei Weinsberg der Graf Welf. Gegen ihn führte der deutsche Kaiser Konrad III. Krieg, um Weinsberg unmittelbar seiner Herrschaft zu unterstellen. Weinsberg geriet in arge Bedrängnis, und Männer, Frauen und Kinder flohen auf die Burg. Der siegreiche Kaiser Konrad gab sich großzügig und gestattete den Frauen und Kindern vor der Übergabe der Burg freien Abzug, und die Frauen durften auch mitnehmen, was sie selbst tragen konnten. Da nahmen sie – wir ahnen es vielleicht – ihre Männer auf den Rücken und trugen sie von der Burg hinunter und aus der Stadt hinaus. So hielten sie sich genau an die Vorschrift, Kaiser Konrad mußte das akzeptieren, und das Leben ihrer Männer war gerettet. Eine Geschichte, die sich auf eine wahrscheinlich wahre Begebenheit gründet und die doch zugleich auch Gleichnis ist für das, was gemeinsames Leben bedeutet: den anderen tragen, eben nicht nur auf Händen tragen, damit er seinen Fuß ja nicht an einen Stein stoße, sondern ihn mit seiner ganzen Last tragen, mit seiner Last, die er nicht irgendwoher hat, sondern mit seiner Last, die er selbst ist. Den anderen so ertragen, wie er ist, und ihn durch schwere Zeiten hindurchtragen, das ist und schafft tragfähige Gemeinschaft.
Nun hat das Wort »ertragen« keinen so guten Klang. Wir werden eher an »erdulden« erinnert; daran, was sie von ihm oder er von ihr alles erdulden muß. Aber auf Dulden-Müssen kann sich eine Ehe auf Dauer nicht gründen. Auch wenn unser Trauspruch vom Last-Tragen spricht, so kommen wir der Bedeutung doch eher nahe, wenn wir an das lateinische Wort für »ertragen« denken. Das heißt nämlich »tolerare«, und daher kommt unser deutsches Lehnwort »Toleranz«. Lasten gegenseitig zu tragen, hieße dann: sich einander mit Toleranz begegnen. Sie üben diese Toleranz bereits. Sie gehören verschiedenen Konfessionen an und sind von daher auch unterschiedlich geprägt. Toleranz heißt hier nicht Gleichgültigkeit gegenüber

dem Denken und Leben des anderen, sondern aufeinander zugehen im Verstehen der Tradition, aus der der Partner kommt. Dann kann das Tragen der Verschiedenheiten zur gegenseitigen Bereicherung werden. Toleranz beinhaltet aber nicht nur gegenseitiges Verstehen, sondern auch gegenseitiges Vergeben. Gerade Ihr Trauspruch »Einer trage des anderen Last, so werdet ihr das Gesetz Christi erfüllen« schließt diese Bereitschaft zur Vergebung ein. Ich muß das nicht groß ausführen, sondern ich brauche nur einmal vorzulesen, was Paulus einen Satz zuvor schreibt, gewissermaßen den Gedankenfluß, der dann in diesen schönen Trauspruch mündet: Dieser Satz lautet: »Liebe Brüder, wenn einmal jemand bei einer Verfehlung ertappt wird, so helft ihr, die ihr im Geist (Jesu Christi) lebt, ihm wieder zurecht im Geist der Sanftmut; und achte auf dich selbst, daß du nicht auch versucht wirst.« Und dann: »Einer trage des anderen Last ...«. Ich glaube, den Worten des Paulus ist nichts hinzuzufügen; sie sind in sich selbst verständlich, und es ist deutlich, daß für ihn das Tragen wesentlich auch Vergeben ist.

Tragen, ertragen, tolerieren – das sind Gesetze des Zusammenlebens. Nun ist aber in diesem Zusammenhang von noch etwas Größerem die Rede, vom Gesetz Christi: »Einer trage des anderen Last, so werdet ihr das Gesetz Christi erfüllen.« Das Gesetz Christi schließt Gesetze des Zusasmmenlebens mit ein, aber es geht auch darüber hinaus. Wir haben das eben schon gehört. Das Gesetz Christi meint z.B. auch Vergebung. Das Gesetz des Staates steht mir gegenüber. Ich lese es auf Gebots- und Verbotstafeln oder in Büchern. Es stellt Forderungen an mich. Es fordert mich auf, ihm nachzukommen. Es droht mit Strafe bei Nichterfüllung. Das Gesetz Christi dagegen ist von anderer Qualität. Es ist ein inneres Gesetz – Gesetz ist hier eigentlich kein passender Ausdruck mehr –, es ist eine Gesetzmäßigkeit, die mir als Christ ins Herz gegeben ist, die mir nicht als äußere Forderung gegenübersteht, sondern die mich wie ein innerer Antrieb zur Liebe treibt, zur Liebe und damit eben nicht in erster Linie zur Strafe, sondern zur Vergebung. Das so verstandene Gesetz Christi ist ein tragfähiges Fundament Ihrer Ehe. Sie tragen es in Ihrem Herzen, und Sie sollen sich ihm auch öffnen.

Wir haben begonnen mit einer Geschichte, die Ihnen zum Bild werden kann, mit den »treuen Weibern von Weinsberg«. Lassen Sie uns auch mit einer Geschichte schließen! »Einer trage des anderen Last ...«, da sehe ich noch ein zweites Bild vor mir: Jesus auf dem Weg zur Kreuzigung, und hinter ihm her kommt ein gewisser Simon von Kyrene, der das Kreuz trägt. Dieser Simon trägt Jesu Last, sein Kreuz. Gemeinsames Leben ist gemeinsame Freude und gemeinsames Leid. Das ist fast eine Binsenwahrheit. Aber so leicht, wie das dahingesagt ist, so schwer ist es doch, die Gemeinsamkeit auch zu bewahren und sich bewähren zu lassen. Herrscht Freude und Sonnenschein, ist das keine Kunst. Kommen aber schwere Stunden, ist echte Gemeinsamkeit auf dem Prüfstand. Ist dann auch der andere da, der das Kreuz mitträgt? Sicher, jeder muß seinen Weg gehen – auch unserem Herrn konnte niemand seinen Weg abnehmen –, jeder muß letztendlich seine Probleme selbst lösen, aber der andere kann ein gutes Stück des Weges mitgehen, beratend, helfend, aufhelfend, tröstend, Mut machend, hindurchtragend. Sie beide haben das in Ihrem Leben schon vielfältig erlebt, Sie, liebe Frau B., in Ihrem Elternhaus und mit guten Freundinnen, Sie, lieber Herr B., ebenfalls in Ihrem Elternhaus, bei Ihren Kameraden und besonders auch in Ihrer Korporation. Sie haben bisher jeder für sich erfahren, daß geteiltes Leid halbes Leid ist. Wenn Sie heute – wie wir hierzulande sagen – de Plünnen tohoop smeeten (d.h. Ihre Sachen auf einen gemeinsamen Haufen werfen), dann werfen Sie auch bitte die Erfahrung mit dazu, daß gemeinsames Tragen der Lasten Ihre eheliche Gemeinschaft lebenswert macht und stärkt. Dann seien Sie gewiß, daß dieser Bund unter einem guten Stern steht, der da heißt Jesus Christus.

»Mein geliebter Gegensatz!«

Text: Epheser 4,26   *Wolfgang Gerlach*

Konfessionsverschiedenes Brautpaar.

Liebes Brautpaar,
manch einer mag über dieser Wahl Ihres Trauspruches stolpern oder irritiert werden. Das »Normale« enthält er nicht. Das sogenannte Normale wäre, sich auf ewig Liebe zu wünschen, die gegenseitige Treue zu beschwören, Segen herbeizusehnen.
Sie machen's anders als die anderen. So anders, als ob Sie sagen wollten: Wir geben uns mit abgenutzten Sprüchen und Gedanken nicht zufrieden. Hier soll sich Vertrautes mit Neuem mischen.
Ich erinnere mich: Als wir im Traugespräch eine ganz schöne Weile lang zusammensaßen und diesen Gottesdienst gemeinsam komponierten, da war auch so ein Satz gefallen wie dieser:
»Wir sehen neben uns die jungen Ehepaare, die sich in Wohnlandschaften einplüschen und verbürgerlichen. Da gibt es gar kein Wachstum, keine Veränderung.«
Und das wollen Sie für sich anders gestalten. So ist es konsequent, daß Sie beim Trauspruch gleich mit Ihrer eigenen Originalität anfangen.
»Lasset die Sonne nicht über eurem Zorn untergehen.«

Wer das als Trauspruch wählt, weiß nicht nur etwas vom Sonntag der Liebe, sondern ahnt schon einiges vom Alltag der Ehe. Denn Ehe heißt: Zwei verschiedene Menschen leben zusammen, mit verschiedenen Temperamenten, verschiedenen Begabungen, verschiedenen Neigungen. Und dann gibt es, wie in jedem guten Musikstück, Disharmonien und Streit, Auseinandersetzung, Zorn. Die ewige Harmonie ist uns erst fürs Paradies verheißen. Und so haben Sie füreinander immer wieder polare Begriffe formuliert, Begriffe und Lebensweisen, die einerseits einander widersprechen (so wie Menschen, wenn sie geistvoll sind, einander auch widersprechen), und die andererseits einander entsprechen:

Treue und Verläßlichkeit – das wünschen Sie sich auf der einen Seite. Wachstum und Veränderung erhoffen Sie sich auf der anderen Seite. Diese Kontraste sind es, die auch der Prediger Salomonis anspricht: lachen und weinen, lieben und hassen, tanzen und traurig sein, leben und sterben, sich in den Armen liegen und Entfernung genießen. Gemeinsamkeit hat seine Zeit, und Einsamkeit hat seine Zeit. Ja-sagen hat seine Zeit, und Nein-sagen hat seine Stunde (Prediger 3,1–8).

Und dabei ist mir jener berühmte Begriff wieder einmal eingefallen, den der Theologe und Philosoph Nicolaus von Cues geprägt hat: die Lehre von der »coincidentia oppositorum«, vom »Zusammenfall der Gegensätze«.

Solche Gegensätze kennen Sie voneinander auch und gerade im religiösen Bereich: da lautet der Satz der Gabi, die sagt: Ihr Katholiken seid mir zu rituell und starr und manchmal auch zu mystisch. Und da heißt der Gegensatz vom Eugen: Ihr Protestanten seid mir zu weltlich und diesseitig, und manchmal auch zu rational.

Und Ihr beide ahnt, daß das Unbewußte in Euch sich da ganz sicherlich genau den richtigen Partner ausgesucht und gefunden hat, den Partner, oder wie die Schöpfungsgeschichte sagt, den Gehilfen, »der mir entspricht«. ›Der mir entspricht‹ heißt nicht, der mir gleich ist, sondern der gleichsam meine andere Seite, meine schwache, meine unausgebildete, meine vielleicht von mir nicht zugelassene Seite deutlicher zum Ausdruck bringt. Ich behaupte einfach einmal: Da ist die Gabriele, die sich an der emotionalen Seite des Katholizismus nicht nur reibt, sondern sich vielleicht auch ein bißchen

danach sehnt. Warum anders hätte sie sonst große Freude an einem Traugottesdienst, wo Blumen blühen und Kerzen brennen, wo strahlende Musik ertönt und festliches Ambiente sie umgibt? Und der Eugen – so vermute ich – reibt sich auch nicht nur an protestantischer Rationalität und skeptischer Fragetechnik, sondern seine Seele flüstert ihm heimlich zu: Eugen Boris (manchmal wird auch die Seele offiziell!), flirtest Du nicht auch ganz gerne mit den Verlockungen eines luziden Verstandes, ist es nicht reizvoll und lebenswichtig, auch mal die Klinge geistigen Floretts zu schwingen?

Gestern abend erzählte mir eine Schwester des Bräutigams, wie sie als kleines Mädchen zu Füßen von Vater und seinen disputierenden Freunden staunend und nichts verstehend gesessen und sich schließlich gesagt habe: »Wenn ich groß bin, dann kann ich Fragen stellen« (Fragen ist die Frömmigkeit des Denkens – so mutmaßt der Philosoph Martin Heidegger). Coincidentia oppositorum – »fügt« sich bei Euch nicht ganz gut Nut und Feder ineinander? Die Feder des kritischen Fragens in die Nut gläubigen Einverständnisses?

Ihr wollt Eure Ehe gar nicht erst dem Trott des Ewiggleichen, des Routinierten aussetzen, Ihr wollt die Trampelpfade der Mediokrität meiden, wenngleich natürlich auch Ihr nicht auskommen werdet ohne bestimmte Normalitäten. Denn wenn Ihr zu originell, zu elitär lebt, werdet Ihr die Freunde verlieren. Sie müßten angst bekommen, euch nicht mehr gewachsen zu sein, Euch nicht mehr zu genügen!

Aber es wäre schon gut, wenn Ihr Euch z.B. gerade auch in Euern religiösen Überzeugungen aus dem Mittelmaß erhöbet und Euch einer unstillbaren Neugier verschriebet, einer Neugier, die fragt – die mehr wissen und erkennen, mehr erfahren will von dem, was die Welt im Innersten zusammenhält. Vielleicht kommt Euch dabei das cusanische Modell der »coincidentia oppositorum« sehr entgegen, daß ihr entdeckt: in der Tat – jeder Satz schreit geradezu nach einem »Gegen-Satz«, jeder Spruch sucht sich seinen Widerspruch, so wie der Tag die Nacht sucht, und der Mann die Frau.

Am Anfang eines Lebens, am Anfang einer Liebe mögen diese Sprüche und Widersprüche noch schlummern – in der Einheit der Schöpfung, in der »complicatio«, in der Einfaltung, ja in der Einfalt. Gott hat uns aber zu Wesen erschaffen, die nicht länger schlummern, sondern erwachen und sich entfalten sollen in Gestalt des explicatio.

So wie der Cusaner (geb. 1401), also lange vor Kopernikus (geb. 1473), das bis dahin statische Weltbild des Mittelalters in ein dynamisches zu verwandeln begann, so könnt Ihr von Anfang an der Gefahr einer Verfestigung Eurer Ehe, die auf der Stelle tritt, eine Ehe entgegensetzen, die von der Dynamik der sich entsprechenden Gegensätze lebt und damit auch ihr Umfeld mitbelebt: den Freundeskreis, die Familie, die Klinik als ein zu vermutendes Arbeitsfeld etc. So könnt Ihr als lebendige Kinder Gottes teilhaben und teilgeben an jener Entfaltung, die einer schöpferischen Autonomie entspringt. Oder anders ausgedrückt: Ihr könnt zu Ebenbildern und Gegenbildern Gottes Euch entfalten, die Anteil haben an dem schöpferischen Akt.

Dann wird die Sonne nicht über eurem Zorn untergehen.

Was ist das eigentlich, wovon hier die Rede ist: der Zorn? Ist es der Ärger darüber, daß der andere mich immer noch nicht versteht? (Als ob das so einfach wäre, einander wirklich zu verstehen!) Ist es der Ärger darüber, daß ich selbst mich nicht verständlich machen kann? (Als ob das so leicht wäre, seine Wünsche in eindeutige Sprache zu gießen!)

Fehlen mir die Worte oder dem Partner die Einfühlung? Oder habe ich mich verrannt? Oder ist es gar die Angst, mich selbst zu verlieren – im Gestrüpp meiner Widersprüche, im Geflecht meiner eigenen Undeutlichkeiten? Ist es die Wut über mich selbst, die ich umleite auf meinen Partner, auf den also, der mir ent-spricht. Ist es das Anti-gefühl gegen meinen eigenen Gegensatz (Goethe nannte das die »zwei Seelen ach, in meiner Brust«). Vielleicht könnte vor Sonnenuntergang der eine zum anderen – nach einem Zerwürfnis – hingehen und sagen oder ihm einen Brief schreiben mit der Überschrift: »Mein geliebter Gegensatz«!

Lasset die Sonne nicht über eurem Zorn untergehen – das könnte dann bedeuten: macht aus dem Gegensatz einen neuen Satz – in jenem Doppelsinn, daß man tatsächlich auch einen Satz, einen Sprung macht über den garstigen Graben, hinüber ans Ufer des Einverständnisses.

Solange ihr in der Ehe zusammenbleibt, entfaltet diese Gegensätze, wo das Chaos droht und der Kosmos lockt, wo der Mann atmet und die Frau, wo Gott am Werke ist, und der Mensch als sein Ebenbild und auch Gegenbild wirkt, wo auf ein Ja ein Nein erfolgt, wo das Element des Protestantischen dem Element des Katholischen entgegentritt und doch eigentlich ihm zu korrespondieren versucht. Der Cusaner sagt: Gott ist die Einheit der Gegensätze. Wenn das stimmt, dann hat der Cusaner recht, wenn er alle Religionen relativiert als die »loquutiones verbi Dei«, als die Ausformungen des Wortes Gottes.

Darum ist es nicht so wichtig, ob man katholisch oder evangelisch, ob man jüdisch oder buddhistisch glaubt. Wichtig aber ist, den je eigenen Glauben zu vertiefen. Und vertiefen heißt dann, sich in der Tiefe treffen. Die Wurzeln der verschiedenen Glaubensformen und -entfaltungen münden wohl in einer Hauptwurzel. Der Cusaner hält deshalb auch einen »Religionsfrieden« für möglich, weil sich für ihn der Rang einer Religion allein an ihrer »participatio« am verbum dei mißt, an ihrer Nähe und Teilhabe am Worte Gottes.

Liebes Brautpaar, werden Sie zu einem Paar, dem man ansieht oder abspürt, daß – wie es Cusanus trefflich formuliert – wir Menschen Geschöpfe der göttlichen Selbstverschwendung sind.

Dann wird es Ihnen immer wieder möglich werden, statt daß die Sonne über Euerm Zorn untergeht, die Sonne aufgehen kann über einem neuen Tag, der nicht an den verbrauchten und verschlissenen Entzweiungen des alten Tages verkommt, sondern wo die Gegensätze zusammenfallen, auch »in sich« zusammenfallen – in der Erkenntnis: Gott ist die Einheit der Gegensätze, der bei Jesaja von sich selber sagt: »Ich bin es, der ich das Licht mache und schaffe die Finsternis, der ich Frieden gebe und schaffe Unheil. Ich bin der Herr, der dies alles tut« (Jesaja 45,7).

So ähnlich sind wir ihm, so ähnlich ist er uns – Coincidentia oppositorum!

Lasset die Sonne nicht über euerm Zorn untergehen, damit sie neu aufgehen kann über eurer Umarmung. Amen.

Am Anfang: die Liebe

Texte: 1. Petrus 4,8 und 1. Petrus 1,3
Trauung und Taufe *Wolfgang Herrmann*

Liebe Familie G.! Liebe Gemeinde!
Am Anfang war – die Liebe. Das gilt mit großer Sicherheit für ein junges
Ehepaar und eine junge Familie. Zwei Menschen haben sich verliebt – mit
mehr oder weniger Leidenschaft, wie auch immer. Jede Liebesgeschichte
ist anders. Beim Verliebtsein, bei der Leidenschaft bleibt es nicht. Denn
das wäre auf die Dauer zu wenig, wäre nur ein Strohfeuer, das auflodert
und bald verlischt. Liebe ist mehr.
Liebe ist eine Lebenskraft, aus der wir leben. Wir gestalten unseren Alltag,
unser gemeinsames Leben, unsere Aufgaben im Beruf und Zuhause aus
eigener Kraft heraus, die oft als Pflicht erscheint. Du mußt eben! Aber in
dieser Pflicht steckt immer auch ein Kern: die Liebe. Das Leben entspringt
der Liebe, wie ein kleines Kind. Und es soll wachsen, das gemeinsame
Leben, wie auch Kinder wachsen. Und dazu gehört eben Arbeit, gehört,
daß man mit Konflikten, mit Meinungsverschiedenheiten, mit Sorgen und
Problemen fertig wird.
Die Kraft dazu heißt Liebe.
Am Anfang ist die Liebe. Das gilt nicht nur für eine Familie. Ich glaube, das
gilt auch für Gott und die Welt. Wenn wir nicht glauben könnten, daß unser
Dasein, daß die ganze Welt von Liebe getragen ist, aus Liebe gewollt ist –
wir könnten schnell verzweifeln.
Denn es gibt soviel, in uns und um uns herum, was nicht Liebe ist.
Schlechtes Wetter ist ja noch das geringste Problem. Denn was da gut und
was schlecht ist, das ist oft Ansichtssache, auch wenn wir uns natürlich über
Sonnenschein freuen. In der Ehe ist das auch so: da gibt's Sonnenschein,
aber auch Regen und manchmal ein Gewitter. Vielleicht gehört das zum
Gedeihen dazu?
Nein, da liegt nicht das Problem. Wir machen vielmehr Erfahrungen, die
uns tief daran zweifeln lassen, daß diese Welt aus Liebe besteht. Ich brauche nur die drei schrecklichen Worte zu erwähnen: Rüstung, Hunger, Um-
weltzerstörung, dann weiß jeder, was gemeint ist. Wo ist da Liebe, wenn
täglich tausende von Kindern verhungern, einfach so! Wo ist da Liebe,
wenn die führenden Politiker der Weltmächte nach immer mehr Waffen
schreien, wenn sie immer mehr Waffen und Kriegsgeräte an kleinere Völ-
ker verkaufen! Wo ist da Liebe zu sehen, wenn Wälder sterben, das Grund-
wasser vergiftet ist, die Luft, die wir atmen, Tod und Verderben enthält?
Zugegeben, den lieben Gott können wir für all das nicht verantwortlich machen. Es ist Menschenwerk und Menschenschuld. Und diese Schuld ist zum

Verzweifeln groß. Ihr und Eure Familie sind der Landwirtschaft verbunden, also auch der mütterlichen Erde, dem Wachsen und der Fruchtbarkeit, der Ernährung und der Gesundheit der Menschen. Und jedermann weiß, wie verbittert und verzweifelt die Landwirte sind, wie fast alles, was sie tun, irgendwie falsch ist, wie von allen Seiten auf sie eingeredet wird – von der chemischen Industrie und den Herstellern der großen Maschinen, von den Politikern und Verbandsvertretern, von den Naturschützern, von der Bevölkerung. Alle haben irgendwie Recht – aber die Bauern haben bald keine Lust mehr, in der Sackgasse zu tanzen. Überschüsse erzeugen heißt, die Natur oft unerträglich zu belasten, sie auszubeuten statt zu pflegen. Aber tut man das nicht, gibt es schon gar keine Rentabilität mehr. Und wohin mit den Überschüssen? Butter an die Kälber verfüttern? Ich glaube, das tut einem Bauern nur noch weh.

Und dann geht irgendwo ein Kernkraftwerk in die Luft. Und Gemüse muß untergepflügt werden, Kinder dürfen nicht mehr im Sand spielen, und schwangere Frauen fragen sich, was sie für Kinder auf die Welt bringen werden und was aus ihnen werden soll.

So breitet sich so etwas wie eine Weltuntergangsstimmung aus. Es ist ja nicht schwer, sich den Untergang dieser verrückt gewordenen Welt vorzustellen; man muß den Weltuntergang auch ganz konkret befürchten. Er liegt in Menschenhand.

Jetzt bewege ich mich auf den ersten Petrusbrief zu. Denn auch damals lebten die Menschen in großen Ängsten und rechneten mit dem Weltuntergang. Rund um Euren Trautext herum heißt es:

»Das Ende der Welt ist nahe. Bleibt besonnen und nüchtern, damit ihr beten könnt. Vor allem laßt nicht nach in der Liebe zueinander. Denn die Liebe macht viele Sünden wieder gut. Nehmt einander gastfreundlich auf, ohne darüber zu klagen. Fördert Euch gegenseitig, jeder mit der Gabe, die Gott ihm geschenkt hat. Dann seid ihr gute Verwalter der reichen Gaben Gottes. Wenn einer die Gabe der Rede hat, soll Gott durch ihn zu Wort kommen. Wenn einer die Gabe der helfenden Tat hat, soll er aus der Kraft handeln, die Gott ihm gibt. Alles, was ihr tut, soll durch Jesus Christus zur Ehre Gottes geschehen. Ihm gehört die Herrlichkeit und die Macht über alle Zeiten.« (1. Petrus 4,7–11)

Ich finde, diese Worte sind eine gute Antwort auch auf unsere modernen Ängste und Probleme. Ob nun die Welt untergeht oder nicht: eins ist doch sicher – nichts kann so bleiben wie es ist. Denn dann gibt es kein menschenwürdiges Leben mehr. Viel muß anders werden, neu werden, nicht nur in der europäischen Landwirtschaftsordnung. Nein, unsere ganze Lebensweise steht auf dem Prüfstand. Viele Menschen haben angefangen, sich nicht nur Gedanken für eine bessere Zukunft, eine Zukunft mit einem menschlicheren Gesicht, zu machen, sondern auch etwas zu tun. Das sind Anfänge, voller Vertrauen, daß auf uns und unsere Kinder eine lebenswerte Zukunft wartet. Daß die Gefahren gemeistert werden können. Daß den Kriegen, dem Hunger und der Naturzerstörung die Zähne gezogen werden können.

So wie in unseren Landen der grauenhafte dreißigjährige Krieg einmal ein Ende fand und Deutschland wieder aufgebaut werden konnte, so soll auch dieser Erdball als Ganzer mit all seinen Lebewesen eine Zukunft haben. Eine Zukunft, in der es sich lohnt zu leben und zu arbeiten, in der es sich lohnt, zum Beispiel Bauer zu sein und das Leben zu pflegen; eine Zukunft, in der es sich lohnt, Kinder zu haben und die aufwachsen können, ohne von schrecklichen Gefahren bedroht zu sein.

Das Taufwort spricht genau davon: »Gott hat uns mit der Hoffnung auf Leben erfüllt.« Das hat der Apostel damals in eine untergehende Welt gesagt; das wird auch heute gesagt. Hoffnung auf Leben, das ist die biblische Botschaft, das ist unser Glaube. Deshalb lohnt es sich zu heiraten und lohnt es sich, Kinder aufzuziehen. Weil die Liebe das trägt. So gesehen ist jede Hochzeit und jede Schwangerschaft ein Glaubensbekenntnis: ein Bekenntnis für das Leben und für die Liebe. Ein Bekenntnis zu dem Glauben, daß der vielfältige Tod uns wohl Angst macht und viele Opfer verschlingt, daß er aber durch die Auferstehung besiegt wurde und seitdem besiegbar ist.

Der Tod ist besiegbar: das ist ein christlicher Zentralsatz. Und deshalb ist auch die Angst besiegbar, sind die tausendfachen Probleme unseres Lebens auf der Erde lösbar. Das nämlich meinen wir, wenn wir uns zu Jesus bekennen und zu seiner Auferstehung aus Folter und Tod heraus: Man muß nicht verzweifeln; es gibt einen Weg.

Das soll uns allen, wie damals den Hörern des Apostels Trost und Zuversicht geben. Es ist nicht sinnlos, was wir heute in der Kirche tun. Es liegt vielmehr unendlicher Segen auf jeder Liebe. Und davon können wir leben. Amen.

Leben aus der Wahrheit der Liebe

Text: 1. Johannes 3,18 *René Leudesdorff*

Ehefrau ist Historikerin, Ehemann ist sozial engagierter Rechtsanwalt. Beide waren schon – mit anderen Partnern – verheiratet und geschieden.

Liebes Brautpaar!
Was ist das eigentlich, was den Reiz, was die Besonderheit einer intensiven menschlichen Beziehung ausmacht? Läßt es sich benennen? Ich will einen skizzenhaften Versuch wagen. Mir sind acht Stichworte eingefallen, die Ihr mit mir übersetzen könnt:

– Da ist das Kommunikative, das Sprechende und Sprachhafte unserer Existenz: daß wir uns im Wort begegnen, uns durch dasselbe erklären und das Stumme des Daseins, die Einsamkeit, aus der wir kommen (und in die wir immer wieder verfallen), überwinden.

– Da ist das Personale, das Durchtönende, das Durchklingende, das Durchhöhrbare, die Resonanz der Seele und des Leibes auf das Wort; das, was uns durch und durch erfaßt, Gefühl, Verstand, Instinkt; wir spüren: ein Mensch, der Mensch für mich – ich der Mensch für den anderen. (Die Bibel sagt: »daß die zwei eins werden«.)

– Da ist das Polare, das Oszillierende, Spannungsvolle der Beziehung, stabile Instabilität, instabile Stabilität: »Stehet beieinander, doch nicht zu nah beieinander«, sagt Kahlil Gibran. Daß sich also Gemeinsamkeit immer wieder neu konstituiert aus der Souveränität zweier je Einzelner. (Auch dies haben wir von Jesus und Paulus gelernt: daß Respekt noch vor Liebe geht.)

– Da ist aber auch das Konjunktive, das Verbindende, sich Überschneidende. Hier – nicht nur hier! – spielt Geschichte, unsere je eigene, eine Rolle: unsere Irrungen und Wirrungen, aber auch das Geführt- und Bewahrtsein, die ins Leben eingearbeiteten Erfahrungen, die Trennungen, das Schmerzhafte, ja auch das Unerledigte …

– Da ist das Prismenhafte: daß sich die Umwelt einer Beziehung in ihr bricht und widerspiegelt, Berufliches, Lebenskreise, andere Freundschaften, Elternhäuser (wieder: Geschichte als Kontinuum!) – nicht zuletzt: das Politische, die Interdependenz all unserer Lebensbezüge und -bedingungen.

– Da ist das Ästhetische (oder, recht verstanden: Primitive?): daß sich vieles von alledem reduziert auf Anschauliches, Einfaches, Schönes –: eine Geste, ein Blick, eine gemeinsam besuchte Ausstellung, eine Kirche (!), auch dies: die Schönheit des Geliebten, der Geliebten, das Inbild, in das wir einander und die Dinge verwandeln.

– Da ist das Kategorische, das Unweigerliche, das Unverweigerbare, dem ich mich nicht entziehen kann. Hier spätestens wird deutlich: unsere Existenz rührt an ihre Dritte Dimension: daß es in unseren Wahrheiten (der des Rechts und der Geschichte – diesen zerbrechlichen, auch manipulierbaren!) die Wahrheit schlichthin, das Wahre, Unbedingte gibt.

– Und da ist das Kontingente, das Zufällige im Sinne dessen, was uns zufällt, unser Teil, das uns in Raum und Zeit Bemessene, das Geschenkte – auch im Entzogensein Geschenkte, auch im Versagtwerden noch Humus Bildende für unser Leben. (Hier ist nun wirklich die Dritte Dimension zum Greifen nahe!)

Ich verlasse das Skizzierte an dieser Stelle, weil der Einbruch der Dritten Dimension darin nicht mehr unterzubringen ist: daß sich aus diesem unentwirrbaren Knäuel von Bedingungen eine einmalige, unverwechselbare,

Hoffnung auf Zukunft stiftende und womöglich tragfähige Gemeinschaft ergibt, herausschält: das ist wohl wirklich ein Wunder, fast ein Gottesbeweis! Wenn alles – wie wir vorhin hörten – »seine Zeit hat«, bleibt noch alles zweidimensional, erdbezogen wie – letzten Endes – alle Mythen. Erst dieses Unverfügbare unserer Existenz, das, was sie »nach oben hin offen« sein läßt, nicht nur »nach vorne hin« oder »zu den Seiten hin« – erst dieses gibt ihr, was uns mitten im Chaos vertrauen läßt.

Liebe ist die Chiffre für dieses Wunder des Offen- und Geborgenseins, des Frei- und Gebundenwerdens. Oder genauer: Gott ist Liebe, und daher: Gott ist Lieben, er ist in unserem Lieben als die umfassende Wahrheit anwesend, die sich eben darin selbst konkretisiert.

Darum ist die Aufforderung: »Lasset uns nicht lieben mit Worten noch mit der Zunge, sondern mit der Tat und mit der Wahrheit« mehr als eine Ermutigung zu glaubwürdiger Existenz; sie ist der Hinweis auf die einfache Konsequenz unseres »Geliebtseins von Ewigkeit her«. Das war und bleibt doch das an Jesus, dem Mann aus Nazareth, so Anziehende: daß er diese Konsequenz selbst gelebt hat, daß er aus der Liebe Gottes und in dieser Liebe existierte, ohne Bedingungen – unbedingt. Dies war seine Wahrheit, und sie wird zu unserer Tat und Wahrheit, wenn wir's denn miteinadner wagen und für andere – wie für uns selbst – unternehmen: das Risiko des Scheiterns – das »Kreuz« – aufgehoben zu finden in der unauflöslichen, unverbrüchlichen Liebe, die immer wieder neues Leben hervorbringt, Leben aus dem Tode – die »Auferstehung« – und also: Leben aus der Wahrheit der Liebe.

Nicht zum Lieben aufgefordert, sondern zum Bleiben

Text: 1. Johannes 4,16   *Dietrich Mendt*

Diese Trauung hat folgende Vorgeschichte:
Die Mutter der Braut, eine Witwe, war gegen die Heirat ihrer Tochter, weil sie den Schwiegersohn, einen jungen Pfarrer, für zu wenig fromm hielt, obwohl sie ihn so gut wie nicht kannte, schon wegen der Entfernung, denn sie wohrte 250 km weit weg. Die Mutter gehörte zu einem pietistischen Kreis, war aber selbst für diesen Kreis – mit dem sie später zerfiel – zu eng und gesetzlich, was wohl bei ihr krankhafte psychische Ursachen hatte.
Ich habe als Seelsorger des Paares die Mutter aufgesucht und mit ihr geredet und Folgendes ausgemacht: Das Paar verschiebt seine Hochzeit um ein Jahr, damit die Mutter begreifen kann, daß es ihnen wirklich ernst ist und sie dann im Frieden mit der Mutter heiraten können. Das Paar war damit einverstanden, aber nach einem Jahr verweigerte die Mutter gegen ihr Versprechen die Zusage und verfluchte die Tochter. Ich sagte darauf, daß ich gegen ihren Willen und gegen ihren Fluch das Paar trauen werde – und daß sie damit rechnen müsse, daß der Fluch auf sie zurückfällt. Zur Trauung selber waren nur ganz wenige allerengste Freunde des Paares dabei.
Der Trautext ist der Konfirmationsspruch des Bräutigams.

Liebes Brautpaar!
Mit diesem Wort wird Euch zunächst etwas aus der Hand genommen.
»Gott ist die Liebe« steht hier. Wenn Du kein Pfarrer wärest und Ihr beiden
nicht in der christlichen Gemeinde zu Hause wäret, könnte Euch dieses
Wort in dieser Stunde stören. Denn schließlich ist sie eine Frucht Eurer
Liebe zueinander. Aber gerade darum ist es wichtig zu wissen, daß einer da
ist, der mehr liebt als Ihr. Nichts gegen Eure Liebe! Aber sie gehört nicht
hierher. Sie gehört vielleicht aufs Standesamt, wo man ja heutzutage auch
zu predigen angefangen hat. Was soll und kann man Euch dort anderes
sagen als dies: »Habt Euch nur Euer Leben lang immer recht lieb!« Aber
wie gesagt, uns interessiert das nicht. Oder es interessiert uns vielmehr nur
von einer Seite her:
Der Apostel Paulus schreibt in einem Brief an die Epheser einmal über die
Ehe: »Das Geheimnis ist groß«. Und er sieht dort in der Ehe ein Gleichnis
für Christus und die Gemeinde. Aber ich glaube, sie ist noch ein anderes
Gleichnis, eben ein Gleichnis für Gottes Liebe. In dieser Stunde wißt Ihr
nämlich eins ganz genau: Ihr empfangt etwas Unverdientes! Keiner von
Euch beiden wird den anderen, der ihm nun ganz gehört, nun hinnehmen
wie eine Bezahlung, wie einen Lohn, wie etwas, was er sich rechtmäßig verdient hat und was er nun rechtmäßig fordern kann. Ihr wißt ganz genau:
Das kann man nicht fordern. Und Ihr seid dankbar. Und da bekommt Ihr
eine Ahnung von der Liebe Gottes. Was Gott gibt, kann man auch nicht
fordern und man kann es auch nicht verdienen, niemals. Gott liebt nicht auf
Gegenseitigkeit, sondern immer einseitig, und das bedeutet immer unter
Verzicht. Er weiß ganz genau, daß wir ihm nichts zurückgeben können, ge-
schweige denn daß wir ihm etws vorher bezahlen oder leisten können. Aber
das macht ihm nichts aus. Seine Liebe ist groß genug.
Hättet Ihr so eine Liebe, dann könnte Euch ein Leben lang nichts passie-
ren. Unser Wort gibt uns dafür einen Hinweis. »Gott ist die Liebe, und wer
in der Liebe bleibt, der bleibt in Gott und Gott in ihm.«
Es geht nur so, daß man sich Gott ganz und gar zu eigen macht. Daß Gott
also in uns selber wohnt, damit wohnt ja dann auch die Liebe Gottes in uns
und kann durch uns und mit uns wirken. Es muß also von nun an ein Teil
Eurer Kraft und Eurer Zeit dem gelten, daß Ihr in Gott bleibt. »Wo zwei
oder drei versammelt sind in meinem Namen, da bin ich mitten unter
ihnen« sagt der Herr Christus. Wo Gott unter uns ist, da ist die Liebe da.
Viele Eheleute vergessen das. Sie pflegen nicht Gott, sondern ihre eigene
Liebe und verlieren sie darüber. Merkwürdigerweise vergessen es auch
viele Pfarrer, die nun allerdings Gott nicht vergessen, aber sich darauf be-
schränken, ihn unter andere Leute zu bringen, damit diese anderen Leute
»in ihm« bleiben. Und darüber vergessen sie den, den ihnen Gott am nächsten zugeordnet hat, den eigenen Ehepartner. Wir Pfarrer stehen im Licht,
»auf dem Leuchter« sagt der Herr Christus. Alle unsere Liebe, unsere in
eine Gemeinde hinein verstreute und vielleicht verschwendete Liebe ist

114

zwecklos, ist unglaubhaft, wenn wir daheim einander nicht lieben. Bis jetzt ist das nur ein Rezept. Und Rezepte helfen nicht. Hier steht auch kein Rezept. Hier steht: »Wer in der Liebe bleibt, der bleibt in Gott und Gott in ihm!« Nicht zum Lieben seid Ihr aufgefordert, sondern zum Bleiben. Was heißt das? Das heißt, das Wesentlichste ist schon da. Ihr müßt es nicht erst schaffen. Es ist völlig unabhängig von Euch. Ihr seid dabei gut dran. Denn Ihr könnt heute dies Wort gut verstehen. Ihr habt etwas geschenkt bekommen, was Ihr nur verlassen könnt, aber nicht Euch selbst erringen konntet oder könnt. Euer Leben könnte also nur dann nicht gut gehen, Eure Ehe könnte nur dann unglücklich werden, wenn Ihr weggeht, also nicht bleibt, also gewaltsam das Band zerreißt, das Euch mit Gott verbindet – und damit das Band, das Euch verbindet. Geht nicht weg, bleibt in Gott, behaltet die Augen offen für all das, was Gott Euch täglich schenkt. Man kann sie verschließen, ja, das kann man, aber wer sie offen hält, wird dankbar bleiben für Gottes Geschenke, für Gottes einzigartige Geschenke wie das des heutigen Tages und für Gottes tägliche Geschenke, die doch nicht minder einzigartig sind.

Wenn Ihr bleibt, dann wird auch die Versöhnung kommen, die Euch für diesen Tag fehlt und die diesen Tag überschattet. Vielleicht muß sie fehlen, vielleicht ist das nichts weiter als das Zeichen, daß auch Gott Schmerzen erlitt vor seiner Liebe, um seine Liebe überhaupt möglich zu machen. Er hat sie getragen. Die Schmerzen sind vergangen und die Liebe ist geblieben. Darauf ruht Eure Hoffnung. Denn Gott erlitt diese Schmerzen nicht, damit wir sie noch einmal erleben, sondern gerade darum, damit sie uns erspart bleiben. Amen.

Liturgische Texte

Gebete vor der Trauung

Pfarrer:
Herr aller Menschen,
wir beten zu Dir für diese beiden Menschen,
die heute Deinen Segen für ihre Ehe erbitten:
Sie haben sich kennen und lieben gelernt,
sei bei ihrem Entdecken,
segne wie sie sich einander schenken,
bewahre ihnen die Freude für einander da zu sein,
erneure sie, daß Vergeben und Verändern möglich wird.

Ehemann:
Gott, den wir Vater nennen,
sei bei uns, wenn wir zu einander a-sagen,
wie wir es taten und heute tun wollen
und wozu wir uns alle Tage unseres Lebens durchringen wollen.
Ich bitte Dich für meine Frau,
sieh sie gnädig an und schenke ihr Kraft,
daß ich ihr nicht zur Last falle.

Ehefrau:
Gott, von dem auch der Geist der Mütterlichkeit kommt,
sei bei uns, wenn wir zu einander a-sagen,
wie wir es taten und heute tun wollen
und wozu wir uns alle Tage unseres Lebens durchringen wollen.
Ich bitte Dich für meinen Mann,
sieh ihn gnädig an und schenke ihm die Liebe,
daß ich ihm nicht lästig werde.

Bernhard von Issendorff

Herr, unser Gott,
du hast die Welt geschaffen,
in Jahrmillionen hat sich das Leben entwickelt.
5 Milliarden Menschen bewohner die Erde,
du hast ihnen allen ihren Ort gegeben.
Unter den vielen Menschen haben wir uns kennengelernt.
Du hast es gefügt, daß wir einander lieben lernten.
Du hast es gefügt,
daß aus tausend enteilenden Gelegenheiten
überraschende Seligkeiten wurden.

Du hast es gefügt, daß scheinbar Nebensächliches
uns zur Hauptsache wurde.
Wir bitten dich für diesen Gottesdienst:
Wenn wir hören, rede du zu uns;
wenn wir singen, nimm den Gesang als unsere Antwort an;
wenn wir beten, laß uns Worte finden,
die uns mit dir zusammenschließen. Amen.   *Wolfgang Gerlach*

(In der Sakristei zu sprechen:)
Herr,
nun soll ich zwei Menschen dein Wort sagen,
und auf dieses Wort wollen sie ihre Ehe bauen.
Ich soll ihnen sagen,
daß du die Verantwortung übernehmen willst für ihre Ehe.
Aber damit machst du mich mitverantwortlich,
mich, einen Menschen.
Gib mir dein Wort, Herr,
daß sie mich verstehen!
Gib mir deine Ruhe, Herr,
damit ich konzentriert bin!
Gib mir deine Liebe, Herr,
damit sie eine Ahnung von dir bekommen!
Vergib mir alles, was ich falsch sage!
Vergib mir die Worte, die ich vergesse!
Vergib mir auch die Worte, die überflüssig sind!
Deine Güte ist es,
die diese beiden Menschen
und die mich in der Hand hat.
Wie dankbar bin ich für deine Güte, Herr.
Amen   *Dietrich Mendt*

Gebet vor der Ansprache

Herr,
zwei Menschen wollen heiraten.
Sie kommen in dieser Stunde zu Dir.
Du sollst sie miteinander verbinden,
nachdem sie sich gefunden habven.
Wir kennen Dich und wissen,
daß unsere Bitte nicht vergeblich sein wird.
Amen.   *Dietrich Mendt*

Gebet zur Trauung

Gott, ein Stück Leben liegt hinter, ein neues, noch ganz offenes, ungespurtes vor uns. Wie schön es ist, sich zu begegnen, festzustellen, daß man zueinander paßt, miteinander zu lachen, Pläne zu machen – und zueinanderzustehen, wenn alles ganz anders kommt. Hab Dank!
Wie gut, es nicht mehr nötig zu haben, sich hinter Masken zu verstecken, einfach sein zu können wie man ist – und einer da, der mich versteht. Wieviel Freiheit werden kann aus Bindung, wieviel Sicherheit aus Vertrauen, wieviel Hoffnung aus Liebe. Dank auch dafür!
Ja, guter Gott. Als Freund hast du dich zu erkennen gegeben, wieder und wieder in der Geschichte mit uns Menschen. Als Freund des Lebens, als Bewahrer und Begleiter, Befreier und Tröster. Auch heute willst du uns dessen vergewissern, hier in dieser Kirche und vor dem Kreuz des Gekreuzigten. Komm mit uns in unser Bündnis, das wir jetzt gleich schließen wollen miteinander. Komm mit uns auf unseren Weg, den wir dann miteinander gehen, und laß ihn zum Segen werden für uns selbst und alle die, mit denen wir dieses Leben teilen. Amen.

Arno Schmitt

Gebet vor der Einsegnung

Herr,
hier sind zwei Menschen, die Dir
und die einander gehören wollen,
aber beides ist Deine Sache.
Ohne Deine Hilfe werden sie weder
in der Lage sein,
an Dich zu glauben,
noch werden sie ihre Liebe und Treue
zueinander durchhalten können.
Darum bitten wir Dich:
hilf ihnen!
Du weißt schon heute,
welchen Gefahren sie ausgesetzt sein werden.
Bleibe in ihrer Nähe, wenn sie krank sind
und wenn sie Angst haben,
wenn sie unter wirtschaftlichem Druck stehen
und wenn sie schlechte Laune haben,
wenn ihre Fehler und Schwächen ihnen zu schaffen machen
(und wenn ihnen ihre Wohnung zu eng wird).
Bleibe aber auch in ihrer Nähe in allen ihren guten Stunden,
damit sie Dir treu bleiben

und aus der Treue zu Dir Kraft gewinnen,
einander bis in ihre letzte Stunde treu zu sein.
Amen.

Dietrich Mendt

Traufragen

In der Verantwortung vor Gott
und vor Zeugen, die diese Gemeinde darstellt,
frage ich Sie N.N.,
wollen Sie Ihre Ehefrau N.N. als einen kost-
baren einmaligen Menschen von Gott annehmen,
daß Sie die Würde und den Willen Ihrer Frau achten,
Ihre Schwächen lieben, die Stärken fördern,
wollen Sie Ihrer Frau ein Lebensbegleiter sein, wie Gott es will,
daß Sie miteinander Freude und Trauer teilen,
Krankheiten, ja, den Tod bestehen können,
wollen Sie es sich selbst nicht leicht machen, wie Gott es Ihnen geben möge,
daß Sie vor Schwierigkeiten nicht ausweichen,
Streit schlichten und Sünden vergeben,
dann sagen Sie bitte: Ja, mit Gottes Hilfe.

In der Verantwortung vor Gott
und vor Zeugen, die diese Gemeinde darstellt,
frage ich Sie N.N.,
wollen Sie Ihren Ehemann N.N. als einen kost-
baren einmaligen Menschen von Gott annehmen,
daß sie die Würde und den Willen Ihres Mannes achten,
Seine Schwächen lieben, die Stärken fördern,
wollen Sie Ihrem Mann ein Lebensbegleiter sein, wie es Gott gefällt,
daß Sie miteinander Freude und Trauer teilen,
Krankheiten, ja, den Tod bestehen können,
wollen Sie es sich selbst nicht leicht machen, wie Gott es Ihnen geben möge,
daß Sie vor Schwierigkeiten nicht ausweichen,
Streit schlichten und Sünden vergeben,
dann sagen Sie bitte: Ja, mit Gottes Hilfe.

Bernhard von Issendorff

Manche Ehepaare empfinden es als befremdlich, daß im Zusammenhang mit der Hochzeitsfeier vom Tod geredet wird: » ... bis daß der Tod euch scheidet ... « Stattdessen könnte man formulieren:

N.N. und N.N., Sie sind vor dem Standesamt die Ehe miteinander eingegangen. Sie haben sich vorgenommen, sich in Ihrer Ehe ein Leben lang zu
achten und zu lieben und in Freude und Leid sich treu zu bleiben. Und Sie
erbitten dazu Gottes Segen und Hilfe. Bekräftigen Sie dies mit einem gemeinsamen Ja!

Manchen Ehepaaren fällt es schwer, das Ja auszusprechen. Gelegentlich entfällt auch der Ringtausch. In diesen Fällen erscheint folgende Form geeignet:

N.N. und N.N., Ihr habt vor dem Standesamt einander das Ja-Wort zur Ehe gegeben. Ihr dürft darauf vertrauen: Gott sagt Euch zu, Helfer für Eure Ehe zu sein. Er will Euch mit seinem Segen geleiten.
So reicht einander die Hand, daß ich stellvertretend für die Gemeinde um Gottes Segen und Geleit in Eurer Ehe bitte:
Im Namen des Vaters und des Sohnes und des Heiligen Geistes! Der allmächtige und barmherzige Gott segne Euch und bewahre Euch vor allem Argen. Er geleite Euch mit seinem Wort. Er gebe Euch Mut und Freude in Eurem Leben und schenke Euch ein getrostes Herz.

Günter Scholz

Traufomular

Liebes Brautpaar! Ihr seid hier mit uns beisammen, weil Ihr für Euren gemeinsamen Lebensweg um Gottes Segen bitten wollt.
Wir haben gehört und miteinander bedacht, wie Gott von uns Menschen denkt, wie er uns liebend umgibt und trägt; und wir haben als Christen erfahren, wie Gott uns durch Christus dazu ermächtigt, in Freude und Leiden zu bestehen. Daran erinnere ich uns und Euch, wenn ich Euch jetzt frage:
Wollt Ihr einer den anderen als den ihm von Gott anvertrauten Menschen annehmen?
Bräutigam: Ja, mit Gottes Hilfe wollen wir einander so annehmen.
Wollt Ihr einander lieben und ehren, Euch von Herzen annehmen und bejahen?
Braut: Ja, mit Gottes Hilfe wollen wir einander lieben und ehren.
Wollt Ihr einander an Leib und Seele schützen und in aller Not zu einander stehen?
Bräutigam: Ja, mit Gottes Hilfe wollen wir in guten und schweren Tagen zusammenhalten.
Wollt Ihr Euren weiteren Weg miteinander im Geiste Jesu suchen?
Braut: Ja, mit Gottes Hilfe wollen wir unseren Weg suchen und den Bund unserer Ehe bewahren – solange wir leben.
Das ist Euer Wille und Gebet?
Bräutigam und Braut: Ja, das ist unser Gebet: Es segne uns Gott – und alle Welt ehre ihn.
Amen.

Und nun frage ich auch Euch, liebe Trauzeugen – und Euch alle, liebe Gemeinde.
Wollt Ihr diese beiden auf ihrem Weg begleiten – durch gute Gedanken, durch Euer Gebet und freundschaftliche Nähe?

Und seid Ihr bereit, als Christen in Eurer Gemeinschaft den beiden Halt und Geborgenheit anzubieten, dann antwortet: Ja, mit Gottes Hilfe.
Antwort: Ja, mit Gottes Hilfe.
Der Ring: ein altes Symbol für die Liebe Gottes. Weil der Ring keinen Anfang und kein Ende hat – weil er endlos ist – ist er ein Zeichen für die Unendlichkeit der Liebe Gottes zu uns.
Im Zeichen des Ringes wünschen wir Euch beiden Anteil an Gottes unendlicher Liebe.
Nun *reicht einander die rechte Hand.*
Was Gott zusammengefügt hat, das soll der Mensch nicht trennen.
Gott, unser Vater, festige Euren Bund und begleite Euch mit seinem Ja.

Knien (Segensworte)
I. Gottes reicher Segen komme über euch. Er schenke euch Freude, die nicht welkt.
II. Gott schenke euch alle Zeit Worte, die nicht täuschen; Liebe, die geduldig ist.
I. Gott schenke euch Licht von seinem Licht.
II. Gott erhalte euch und uns allen den Frieden.
I. Gott stärke euch im Glauben.
II. Gott gebe euch ein offenes Herz auch für andere Menschen.
I. Gott schütze eure eheliche Gemeinschaft.
Der Segen Gottes des Vaters und des Sohnes und des Heiligen Geistes komme über euch und bleibe bei euch – heute – morgen – und immer.
Vater unser im Himmel: geheiligt werde dein Name; dein Reich komme; dein Wille geschehe wie im Himmel so auf Erden. Unser tägliches Brot gibt uns heute, und vergib uns unsere Schuld, wie auch wir vergeben unsern Schuldigern. Und führe uns nicht in Versuchung, sondern erlöse uns von dem Bösen. Denn dein ist das Reich und die Kraft und die Herrlichkeit in Ewigkeit. Amen.

Der Friede Gottes ist bei Euch!
So geht nun unter seinem Frieden – Amen.

Hannes-Dietrich Kastner

Gedanken zur Traufrage

Warum in Freud und Leid nicht verlassen?
Darum!
Die Traufrage ist kristallisierte Weisheit von Generationen.
Annehmen aus Gottes Hand – als Gabe und Aufgabe, Anvertrautes und Zugemutetes. Nicht erworben, nicht erlistet, sondern als Gegebenes; ja, auch kräftig Begehrtes, aber dann doch Zugeschanztes, ungesucht Gefundenes, Gewährtes.

Ihn (Sie), lieben und ehren. Das Wechselspiel von Zuneigung und Achtung, von Begeisterung und Ordnung; das Zweipolige, eins und das andere, beides Tätigkeitsworte des Bewahrers. Und wenn's mit dem Lieben mal nicht weit her ist, dann wenigstens achten, wenigstens nicht mutwillig verletzen; wenigstens dem anderen ein Freund bleiben, wenn das Liebhaber-sein geschmolzen sein sollte.

In Freud und Leid nicht verlassen – mit einem Wort: Ehe ist Bleiben. Ein Konto, eine Ehre, ein Name, eine Freizeit, ein oder viele Kinder, auch Altwerden als gemeinsames Projekt. Was man auch tut, es ist nicht gegen den andern, der andere bleibt Teilhaber auch des Ungesagten.

Bis daß der Tod euch scheidet: Also Perspektive: Für immer. Wie du auch bist, wie du auch wirst, ich will immer wieder mit dir verflochten sein, will immer wieder deine Einmischung erbitten; eine unendliche Geschichte, die erst in der Vollendung aller Kreatur in Gott zum Ziel kommt. Kein Festschreiben der Zukunft, keine futurologischen Zustandsbeschreibungen. Nicht »wirst du«? sondern »willst du«. Willst du diesen Entwurf deinerselbst als einer, der mit diesem Menschen ein Ganzer werden will.

Ich habe in die Traufrage ein »darum« eingeschmuggelt, dazu einen evangelischen Vorspann:

In dem Wissen, daß wir schuldig werden und der Vergebung bedürfen, frage ich Euch vor Gott und dieser seiner Gemeinde: »Willst du diese(n) ... als Deine Ehefrau (als Deinen Ehemann) aus Gottes Hand annehmen, sie (ihn) darum lieben und ehren ...«

So liegt alles Gewicht beim Annehmen aus Gottes Hand. Ich will ihn mir Gabe und Aufgabe sein lassen, ich will Ich werden mit diesem Menschen. Weil ich ihn annehme aus Gottes Hand, darum will ich ihn lieben und ehren. So ist mein Lieben Frucht des Annehmens und im Annehmen steckt Gnade und Gehorsam.

Traugott Giesen

Trausegen

Der Herr gebe Euch die Beweglichkeit des Himmels
    und gewähre Euch die Zuverlässigkeit der Erde.
Er fülle Eure Tage und Nächte mit Lachen,
    Eure Freude fließe über und tränke Eure Umwelt.
Eure Tränen aber verwandle er durch die Kraft der Vergebung
    in den schillernden Tau des Morgens.

Bernhard von Issendorff

Gedacht ist an eine Segenshandlung, an der außer dem Pfarrer die Eltern, die Trauzeugen, die Geschwister, Freunde, Mitarbeiter der Gemeinde o.a. beteiligt sind ... :

Pfarrer: »Gott segne euch in eurer Ehe.«

A: »Gott erhalte euch die Gesundheit und die Freude am Leben.«

B: »Gott schenke euch allezeit gute Freunde.«

C: »Gott lasse eure Arbeit gelingen.«

D: »Gott erhalte euch und uns allen den Frieden.«

E: »Gott gebe euch ein offenes Herz für alle, die eure Nähe brauchen.«

F: »Gott helfe euch, Schweres zu tragen.«

G: »Gott erhalte euch die Gemeinschaft der Kirche Jesu Christi und der Kirche euer Engagement.«

H: »Gott zeige euch Wege, das Gespräch miteinander nie abzubrechen.«

I: »Die Hoffnung, liebe U. und lieber A., die ihr euch selbst seid, möge sich ausdehnen auf alle, die mit euch sind auf dem Weg durch das Leben.

Pfarrer: (Legt dem Paar die Hände auf und spricht:)
»Der Segen Gottes, des Vaters und des Sohnes und des Heiligen Geistes, komme über euch und bleibe bei euch jetzt und allezeit. Amen.«

Arno Schmitt

Danksagung (Präfation) bei einer Trauung

Ja, gut ist es und notwendig,
dir, großer Gott, von ganzem Herzen zu danken,
alle Tage und überall, heute und hier auf diesem Fest.

Du hast uns dein Wort und die Zeichen deiner Nähe gegeben,
daß wir lernen, einander zu lieben, wie du uns liebst,
auf mancherlei Weise,
auch und vor allem als Mann und Frau in der Ehe.

Darum loben wir dich mit allem, was du geschaffen hast,
mit Sonne, Wind und Regen,
mit den Menschen auf Erden und den Engeln im Himmel,
und singen ohne Ende:

Heilig, heilig, heilig ...

Christian Zippert

Fürbittengebete

Herr, wir leben von der Liebe, die wir empfangen, von der Liebe, wie du sie gepredigt und gelebt hast, von der Liebe, die wir anderen weitergeben. Wir sagen Dank, daß auch dieses junge Ehepaar in deinem Sinn leben und seine Ehe führen will. Laß Ihre Gemeinschaft und die Gemeinschaft, in der jeder von uns steht, ein Ort des Friedens und der Freude, ein Ort der Freiheit und Gerechtigkeit werden, damit dein Reich groß werde in aller Welt. Amen.

Es ist nicht gut, wenn der Mensch allein ist. Herr wir denken an die Menschen, die allein sind, die noch keinen Partner gefunden haben oder keinen finden können. Herr, wir denken an die Menschen, die einen Partner gehabt und ihn wieder verloren haben – durch den Tod – durch widrige Umstände oder eigene Schuld. Herr wir denken an die Menschen, die sich schwer tun in ihrem Zusammenleben, die daran zweifeln, ob sie zusammengehören oder beieinander bleiben sollen. Herr, wir denken an dieses Paar, das mit allem guten Willen und in Deinem Namen eine Ehe führen möchte, in der einer den anderen achtet, sich entfalten läßt und zum Leben helfen möchte. Sei du bei und mit ihnen, in Höhen und Tiefen, in Arbeit und Freiheit, jetzt und die ganze Zeit ihres Lebens. Amen.

Herr, wir bitten für diese Eheleute: daß sie glücklich werden in ihrer Ehe, daß ihr Leben miteinander voll Freude sei, daß ihre Liebe wachse durch all die Jahre ihres Lebens und daß sie auch in Stunden der Einsamkeit und Enttäuschung füreinander da sind und immer wieder neu zueinander finden.
Wir bitten dich für alle, die diese beiden Menschen bis hierhin geleitet haben – für ihre Eltern, die ihnen das Leben gaben – für ihre Familie, in der sie aufwuchsen – für alle, die ihnen in Freundschaft verbunden sind, und für alle, die ihnen Gottes Güte spürbar werden ließen; daß du uns alle ein Leben lang in der Liebe Jesu Christi bewahrst.
Wir bitten dich für alle, die sich ihr Ja zur Ehe gegeben haben, daß sie in Freude und Leid zusammenstehen und einander die Lasten des Lebens tragen.
Wir bitten dich auch für die Eheleute, die es schwer miteinander haben, die sich fremd geworden sind und die mit der Enttäuschung ringen, daß sie nicht aufhören, einander zu suchen, daß sie Verständnis und Geduld füreinander aufbringen und mit uns wissen, daß unser Leben immer wieder einen neuen Anfang braucht.
Herr, unser Gott, es ist dein Werk, wenn es in dieser Welt Liebe gibt und wenn Menschen in Liebe zueinander finden. Amen.

Heinz-Martin Dormann

Gebet am Schluß des Traugottesdienstes

Herr,
hier sind viele Leute,
Verheiratete,
solche, die noch heiraten werden
und solche, die allein bleiben werden.
Du hast sie alle als Verwandte und Freunde dieses Paares
mitverantwortlich gemacht für die Ehe,
die heute beginnt.
Hilf ihnen, ihre eigenen Ehen
und die Ehen anderer hoch zu achten
und diesem jungen Paare und einander zur Treue zu helfen.
Deine Güte erlaubt es uns,
daß wir einander helfen, vergeben, ertragen
und lieb haben.
Amen.

Dietrich Mendt

Verzeichnis nach besonderen Anlässen und Situationen

Mitarbeiterinnen und Mitarbeiter

Pfarrer Hans-Joachim Albrecht, Mörshausen. Pfarrer Hans-Jürgen Benedict, Hamburg. Pfarrer Eberhard Bethge, Wachtberg-Villiprott. Pfarrer Günter Bublitz, Düsseldorf. Professor Dr. Karl-Fritz Daiber, Hannover. Pfarrer Heinz-Martin Dormann, Mering. Pfarrer Klaus Eulenberger, Hamburg. Pfarrer Hermann Otto Geißler, Wiesbaden. Pfarrer Dr. Wolfgang Gerlach, Kettwig/Ruhr. Pfarrer Traugott Giesen, Keitum/Sylt. Pfarrer Dr. Wolfgang Herrmann, Holzappel. Pfarrer Bernhard von Issendorff, Frankfurt-Unterliederbach. Pfarrer Hannes-Dietrich Kastner, Worms. Pfarrerin Ingrid Keßler-Woertel, Moormerland-Veenhusen. Pfarrer Heinz-Dieter Knigge, Göttingen. Pfarrer Walter Last, Schrobenhausen. Pfarrer René Leudesdorff, Dagebüll-Fahretoft. Pfarrer Dietrich Mendt, Zittau. Pfarrer Klaus von Mering, Langeoog. Pfarrer Hans Jürgen Milchner, Gifhorn. Pfarrer Martin Ost, Unteraltenbernheim. Pfarrer Karl-Heinz Risto, Sontra. Pfarrerin Ulrike Schilling, Wehretal. Pfarrer Dieter Schoeneich, Hamburg. Pfarrer Dr. Günter Scholz, Neu Wulmstorf-Elmstorf. Pfarrer Arno Schmitt, Mannheim. Dekan i.R. Gerhard Schnath, Fulda (†). Pfarrer Dieter Schupp, Eisenberg. Pfarrer Helmut Siegel, Hildesheim. Pfarrerin Gabriele Suck, Heidelberg. Dekan Klaus Zillessen, Waldshut-Tiengen. Propst Dr. Christian Zippert, Marburg.